赵 琦 著

HANYU ZHENGLUNWEN YINGYI YILI LUNXI

汉语政论文英译译例论析

郑州大学出版社

图书在版编目(CIP)数据

汉语政论文英译译例论析/赵琦著. —郑州:郑州大学出版社,2018.7(2024.3 重印)
ISBN 978-7-5645-5530-6

Ⅰ.①汉… Ⅱ.①赵… Ⅲ.①汉语-政论-英语-翻译-研究 Ⅳ.①D0

中国版本图书馆 CIP 数据核字(2018)第 121068 号

郑州大学出版社出版发行
郑州市大学路 40 号　邮政编码:450052
出版人:孙保营　发行电话:0371-66966070
全国新华书店经销
广东虎彩云印刷有限公司印制
开本:710 mm×1 010 mm　1/16
印张:12.75
字数:256 千字
版次:2018 年 7 月第 1 版　印次:2024 年 3 月第 3 次印刷

书号:ISBN 978-7-5645-5530-6　定价:39.00 元

前言

随着中国的快速发展与日益走向国际舞台的中心，国际社会高度关切中国的发展与动向，如何准确地向外界传达中国发展的形势及立场变得越来越重要。由于中国和外界在表达和沟通方面存在着巨大的文化差异，如何用地道的英文翻译好政论文本，准确无误地向外界传达中国改革发展的信息，已成为我们面临的一个不能回避的重大挑战和有现实意义的研究课题。

笔者择写名为《汉语政论文英译译例论析》的这本小书，有以下动因。首先，自 20 世纪 80 年代以来，在外语教学中，学生参照母语、利用翻译进行学习往往是无意识的、缺乏指导的，而教师排斥母语、摒弃翻译教学法却常常是有意识的和有计划的。外语教育界的主流也曾认为，利用翻译和英汉对比只会对外语学习形成负面的影响，“干扰”外语学习，而忽视了其自然性、实用价值和正面的积极影响，致使英语专业毕业生的翻译能力不尽如人意。其次，笔者长期在高校从事翻译教学工作，并致力于翻译教学与研究，尤其对政论文翻译研究特别感兴趣，在做相关课题研究并撰写发表相关论文如《论中国英语与时政术语的汉英翻译》《权力话语理论视域下政论文英译策略——以 2014 年政府工作报告中双引号词语为例》《时事政治术语避免译成中式英语的方法》等的过程中，接触了为数不少的政论文本中英文翻译范例，政论文英译文本绝大部分都不错，受益匪浅，能够体会译者进行翻译这项脑力劳动的艰辛过程，因为翻译中国特有的政治、经济、贸易、文化现象或政治时事术语，在任何英文词典上都不可能找到能直接为之所用的对应表达法。最后，笔者也发现有些译例不是十分尽如人意，于是生发了写这本书的想法，既分析这些政论文译例的精妙译法，让读者愉悦、豁然开朗，又分析某些留下遗憾的译例，谈谈我认为可改译的一孔之见，供翻译专业的学生、考生和广大英语学习者借鉴。

要想翻译好政论文本，首先翻译过程的思路要清晰。翻译作为两种语言思维文化交流的媒介，必然会有语言思维方式互相渗透的现象，从而对语言的使用产生影响，促使语言发展变化。翻译过程是译者始于对原文的理解，终于对译文的表达的思维过程；也是译者发挥个人思维的双向功能，即完成从“思维的抽象”到“思维的具体”的过程。刘宓庆先生曾结合程序论对翻译的思维活动过程（五个步骤）做过具体的描述：第一步，形态词法分析过程；第二步，句法结构分析过程；第三步，情景—语义分析过程；第四步，生成构句过程；第五步，修辞优化过程。这五个步骤是分析、综合的过程。先分析原文语义的组织模态，其中包括词的属性、词语的搭配、句子的语法成分和层次、句子的结构重心分布、主句和分句的基本框架，以及语句的风格特点、所涉及的社会背景和文化背景等；然后在分析的基础上进行综合，即以译者脑中储存的目的语的内部言语形式为参照拟定译文的“句坯”，再对“句坯”进行加工，使之为“功能相似、意义相符”而又最具译入语语句特点、最具可读性的流畅译文。

基于翻译的思维过程（分析和综合）所体现出的整体连贯性、反复尝试性、结合实际（包括原语和译语的语法和规范）的客观性和依据逻辑学原理及相关学科所要求的科学性，该书在行文的过程中，挑选了大量当今中国党政文件和领导人讲话的官方英文翻译为基本语料，以此确保其代表性，把它们整理、归类，从英汉语言差异、文化差异入手，深入探讨如何打破硬译的框框，用更地道的英语表达地道的中文概念，并相应总结了中国的实际汉英翻译中英语的变化及规律，如英语语言的处理方法和技巧，其中不仅包括中国特有的词语概念的处理，而且包含了大量的词组、句子和一些语段的翻译技巧。

要想翻译好政论文本，还要注重从中国政府官方正式发布出版的英文文件、书刊中搜集语料进行学习、研究，从中总结政论文本英译的规律，因为这一类官方英文资料不仅是国外了解中国社会现实的一个重要渠道，而且在国内也被普遍看作是具有权威性和代表性的英文学习资料，对英语在中国的普及、英语教育都具有不可估量的影响。本书正是通过对中国政论文译例进行论析，寄希望于它能对英语翻译工作者、翻译专业的学生、广大英语学习者、英语教师都有实际参考价值，尤其是让学生在翻译学习阶段及早了解政论文本实际翻译的要求，从一开始就避免走弯路，掌握地道的翻译方法。

本书的编写从提出项目建议到最终完稿，自始至终都得到了广西师范学院领导、老师和同人的关心和支持，在编写、修改过程中随时提供了非常中肯、有洞见的建议，从而使本书更具有可读性和切实性，并把错误率降到最低程度。对此，笔者表示由衷的感谢！

最后要说的是，由于成书时间比较仓促，加上笔者的学养不高，能力有限，书中不妥之处，乃至错漏谬误，恳请广大读者、各位专家同人不吝批评指正。

赵 琦

2018 年 3 月 1 日

目录

第一章　中国政论文翻译概略

一、中国政论文的定义及功能

政论文是一种议论、说理的文章，一般都是以政治问题为中心的，有一定的政治倾向，作者从一定的立场或政治角度出发，针对当时现实中各种重大的政治问题和社会问题，阐明自己的见解和主张；赞成什么，反对什么，是非常鲜明的。它形式多样，范围广阔，刘宓庆认为中国政论文可以近似地等于英语中的论述文体。

狭义上讲，中国政论文是有中国特色、带有明显政治倾向的议论性文章。就内容而言，涉及中国的国家体制、政策和原则等重大方面；就表现形式而言，中国国家机关承担其出版和发行；就具体分类而言，党和国家领导人的讲话、报告，党政机关报刊，如《人民日报》《求是》等刊载的有关国家直属的政治性评论、思想路线方针、国内外时事点评等都属于其范畴。

广义上讲，中国政论文是中国人书写的关于时政重大文体的点评或篇章。西方政论文体的主要形式是公众演说，而中国政论文体从先秦诸子百家开始的章、表、奏、启、议、对等形式，发展到当代的社论、政治评论、思想评论、国际时事评论、党和国家领导人的重要文章、报告、讲话、宣言、杂文等，具有鲜明的中国特色。因而中国政论文翻译中需要把握以下四个原则：政治敏锐性、话语鼓动性、逻辑严密性、语言生动性。

同英语政论文一样，汉语政论文的功能主要也可分为四类：宣传、劝说、号召和表达。

政论文的最大功能是宣传。法国作家 Jaeques Ellul 在他的著作 *Propaganda：The Formation of Men's Attitudes* 里创造性地用社会学理论解释了宣传的必要性并强调宣传的本质是一种社会学现象。而政论文就是主要研究社会现象的，因此政论文的最大功能就是宣传。

政论文的第二个功能是劝说。政论文区别于其他文体一个最明显的特征就是其超强的劝说力。在统一的政治体系中，作为一种社会力量和政治手段的政论文，其塑造力量是无可限量的。因此，政论文因其超级劝说力，而常被用来指导国家秩序的有序运行、人民内部矛盾纷争及文化认同感和意识形态塑造。

政论文的第三个功能是号召。和劝说功能相似，号召功能也有维护一个政治组织的正常运行、维护一个国家正常运转或是去解决人民内部矛盾冲突的目的，但号召功能没有劝说功能那么完善、所产生的效果没有官方的劝说功能强大，其成功的机会很小，因此我们通常把号召功能并入表达功能的子类。

政论文的第四个功能是表达。政论文的主要目的在于表达出某个政治观点，号召人民去思考、去感受、去行动起来。比如说，国务院总理每年在"两会"期间做的年度政府工作报告，就是汉语政论文表达功能的最佳体现。

二、政论文翻译的基本要求

政论文有一定的政治倾向。一方面，文体上频繁使用政治术语，讲求确切、严谨、鲜明，富有鼓动性；另一方面，为了使其观点和主张被接受，以增强感染力，文体上广泛使用重复、对偶和平行等修辞手法，且句式结构变化多样，重整体布局，兼有科技语体和文艺语体的某些特点。这两个文体特征决定其英译的基本要求如下：

首先要忠实原作政治思想内容。译者必须忠实地表达出原作者鲜明的政治观点，对原作的立场、所论述的方针政策不允许有丝毫歪曲篡改，一词一句都必须仔细推敲认真选择。

其次要义正词严，爱憎分明。义正词严是指掌握好政治分寸，注意遣词造句的严谨与否；政论文用词的语义深度，句意或轻或重，反映了作者的立场和态度。译者在遣词造句时,应在透彻理解原文的基础上,认真揣摩,仔细推敲,该重则重,该轻则轻。

再次要概念同一。术语的准确与统一,直接影响逻辑关系的严密。一个名词和词组在同一篇文章里或不同的文章里多次使用,如果表示同一个概念、论述同一个事物,那么这个名词或词组的译名要始终保持同一性。

最后要逻辑严谨。通读原文,抓住中心,分析文章的谋篇布局的脉络,厘清作者逻辑推论的层次,领会作者的章法,可以避免翻译时断章取义,造成逻辑错误。忠实确切地表达原作的思想内容、保持原作的修辞色彩,使译文能起到与原文相同的宣传作用。

三、英汉语言对比视角

本书中译例论析的视角是英汉语言差异、文化差异。英汉比较是翻译过程中一个重要的步骤,翻译的方法与技巧都建立在英汉两种语言的比较之间,因为语言之间有相同点,才可以进行互译;因为不同,译者才清楚在什么地方需要方法和技巧。而翻译实践也证明,在英汉相同的地方一般比较容易掌握,不同的地方往往难以掌握。因此只有通过比较英汉语言的不同,才能做好翻译。

本书的第二章至第七章,主要从英汉语言对比角度论析政论文翻译的译例,如汉语倚重主题与英语倚重主语、汉语的主观视角与英语的客观视角、汉语喜重复与英语好省略、汉语的形象具体与英语的抽象概括、汉语追求积极修辞与英语追求消极修辞、汉语的动态与英语的静态等。因为英汉语言属于完全不同的语系,中国人和英美人在世界观、人生观、思维模式、民族文化、风俗习惯及所处的地理位置等方面都有不少差异,因而两种语言也大相径庭。相比之下,英语单词的字母构成和意义之间并无必然联系,更显得客观和中性;而汉语就其构建的笔画和偏旁而言,都具有深刻的含义,所以显得主观,且容易引发想象力。不少学者从宏观上对比分析了英语、汉语在语言层面上的差异。如连淑能从“综合语与分析语、聚合与流散、形合与意合、繁复与简短、物称与人称、被动与主动、静态与动态、抽象与具体、间接与直接、替换与重复”等方面对汉英差异进行了宏观对比研究。

本书的第八章至第十一章，主要从英汉语言文化差异上论析政论文翻译的译例，如语境与搭配、词语的变通翻译、语用优先原则、政治术语翻译等。因为语言是文化的表现形式，文化包罗万象，如物质文化、制度文化、交际文化、精神文化，哲学观、价值观、伦理观、审美观、时空观，思维方式等。从社会文化角度去解释纷繁复杂的语言现象及其文化属性，解释两种民族不同的语言行为和语言能力，中国和西方属于两大不同的文化体系，尤其是汉语政论文中的政治术语，蕴含着浓厚的政治、文化信息，一般而言，只有"圈内人"懂得，外国读者很难理解这些术语，因而翻译者在汉语政论文翻译时必须要特别注意文化差异这一点。因为如何弥合中国与西方国家之间的差异，用地道的英文翻译好政论文本，准确无误地向外界传达中国改革发展的信息及立场变得越来越重要。

第二章 汉语倚重主题与英语倚重主语

在进行政论文本汉英翻译时，既要有政治制度和意识形态等方面的差异意识，又要有源语和目的语在句法结构和表达习惯上的差异意识。语言结构差异表现在各个层次，除了词语概念本身的外延可能不完全对应之外，最重要的还是句法结构和话语组织方式的差异。汉英对比研究界学者从语言结构与语义结构之间的关系等进行研究得出普遍一致的结论：汉语是注重主题（topic-prominent）的语言，而英语是注重主语（subject-prominent）的语言。

汉语是注重主题的语言，即句子以话题为起点，强调意义和功能，建构在意念主轴上，句首的成分不一定是主语，它往往是个话题，话题一般重读，用强调的语气说出来，后面部分对话题进行陈述或说明；汉语句子的界限随话题起承转折而变化，话题形成连续的话题链，话题链依据自上而下的自然语义结构系统而定，只要话题明确，句子可以省略主语，句子单位视话题而定，可长可短，较长的复杂句子中表面形式上并列结构（paratactic structure）较多，不需要用语法和逻辑上的衔接词语来表明句子成分的关系。

而英语是注重主语的语言，即句子不可没有主语，但主语主要是结构的起点，不一定是话语语义中的话题；英语句子重形式和功能，句子建构在主谓主轴上，要求主语和谓语形式一致，谓宾搭配，强调语法形式上的一致和严谨，因而对意义的主次关系表现也借助于语法形式来安排，句中的各种关系是通过各种语法和逻辑上的衔接词语来表明的。

汉语倚重主题与英语倚重主语，这跟英汉逻辑思维上的“演绎”和“归纳”的差异直接相关，即英语具有从综述到分述的特点，而汉语则具有从具体到归纳的特点。

在翻译中，这种差异经常造成译文有较大的语序变化，语法上传统的“主谓宾、定状补”需要重新安排主次。传统的汉语结构根据主题系结构把外围成分——时间、地点、条件、目的、方式等置于句首，而英语从主语词和概念出发切入，置于句首，把其他外围成分置于句尾。英语语言句子成分排列有差异，英语句子在主干后添加复杂性成分，即所谓的“右端开放”（right branching）；而汉语句子在主干前添加更多修饰成分，即所谓的“左端开放”（left branching）。英汉这种语序变化在文学作品翻译中尤其突出，在政论文英译中也不例外，其中句子的主语，无论人称主语还是非人称主语，译者首先要确立；其次，根据主语选择合适的谓语，主谓一致；然后，进行其他句子成分的合理排序，做到意足形完。

总之，翻译政论文本，选择恰当的主语和与之匹配的谓语是译好句子的关键。汉语话题的种类是无限的，即任何词、任何词组、任何句子都可以是话题；英语的主语是有限的，英语主语即 subject，其本义也是话题、主题，只是因为动词，现在习惯上只有四种，即主题主语（thematic subject）、施事主语（agentive subject）、受事主语（recipient subject）、形式主语（formal subject）。汉语话题只有一部分可以译为英语的主题主语，多数要译为宾语、状语等。

因此，汉译英的首要问题就是选择什么做英语主语，英语句子的概念是施事行为式的。句子的主语或者是施事或者是受事，句子的谓语是行为。以下是从主语与主题的倚重差别这一角度，对收集的自十八大以来的一些政论文本和相关资料中的一些英译例子予以分析、说明。

例 1 采取对口支援等多种形式，加大对革命老区、民族地区、边疆地区、贫困地区的扶持力度。We should increase support for old revolutionary base areas, ethnic minority areas, border areas and poor areas through pairing assistance and other means.

外围成分状语“采取……形式”出现在句首，反映出中文根据主题系统结构把外围成分（如时间、地点、条件、目的、方式等）置于句首的特点；英译

时将这种在原文中位于中心词前面的外围成分转换成置于中心词后面的以介词引导的状语 through...means，该介词短语结构也实现了由汉语动态表现到英语静态表现的思维转换。这种转换不仅是中英语法形式所决定的语言结构表层转换，也是由中文注重主题语义系统，英文注重主语形式系统的语言差异决定的。整句译文从主语词和概念出发，把其他外围成分后置。另外，不翻译"力度"是因为英语名词意义常具有可伸缩延展的性质。原译文中重复 area 没有必要，一次性表述为 areas of...更好。

建议整句改译为：We should increase support for areas of old revolutionary base, ethnic minority, border and poor through pairing assistance and other means.

例 2　实施科教兴国、人才强国战略。We must implement the strategies for making China strong by developing science and education and training competent personnel.

句中"科教兴国、人才强国"是"主题（话题）—述题结构"，即主谓结构（主述结构），其中的"科教"和"人才"做主题词，单独出现也可以理解为汉语的句子。汉语强调主题，常包含省略的句子成分，"科教兴国、人才强国"其实可以理解为"发展并利用科技、教育，以此振兴中国，培养人才从而使中国强大"，因为主题明确可以意会而省略，另外，"兴国"和"强国"意思雷同，一次性译为 for making China strong。但是，原译文添加了方式状语 by developing...training...是基于英文语法形式不可或缺并且需要逻辑化的特点，这两个成分都需要补足并表现其语法功能等的考虑。

例 3　生产发展、生活富裕、生态良好的文明发展道路 the path of sound development that leads to increased production, prosperity and a good ecosystem

该例中的"生产发展、生活富裕、生态良好"是"主述结构"，这三个词组中的第一个词都是主题词，第二个词都是述语（陈述）词，三个词组实际上都可以理解为汉语的主谓句，又是"道路"的前置修饰词，呈"左端开放"的句状。英译时把该例中的主题词转换为被修饰的名词，后置使其成为更大的主谓宾（补）下的语法成分，呈"右端开放"的句状。

例 4　衣食住行用条件明显改善。People's need for daily necessities such as clothing, food, housing and transport is better met.

英译该句，首先要理解衣食住行用是基本需要，而在这方面的改善就是更好地满足需要(meet the needs 或 cater for the needs)。但是，由于英文语言思维突出主谓宾主干成分关系及其紧密关联性，一般采取“右端开放”的补足性手段把次要成分后置，所以此处最好把 such as 所例举的项目置于句末。

建议整句改译为：People's daily needs are better catered for, such as clothing, food, housing and transport.

例 5 党必须在宪法和法律范围内活动。The Party must act within the scope prescribed by the Constitution and laws.

句中“在宪法和法律范围内”是谓语动词“活动”的状语，但实际意思“党的活动必须遵循宪法与法律”比较重要，在译文中应通过相应的语序变化予以突出。根据英汉语言中主语与主题的倚重差异，应该把“党”与“活动”理解为出发点并作为句子主语，也反映英语的静态特征。

建议整句改译为：The Party's activities must be kept within the scope prescribed by the Constitution and laws.

例 6 我们国家的建设事业不仅仅需要的是工程师和科学家，同样需要各行各业的能工巧匠。China in her development needs not only engineers and scientists but talent of different kinds.

原译文中用 China 翻译“我们国家”是基于内外有别；另外，句中“事业”是主题(传统语法中所谓“主语”)，字面上看“事业需要人才”是很通顺的，但根据语境，“事业”是更大的主题系统“中国”的次主题，“需要”是对中国而言的，因此不按照表面语法，而是按照英文的搭配习惯来翻译，将“国家”单独做主语，原句的话题“建设事业”为状语。

例 7 在学有所教，劳有所得，病有所医，老有所养，住有所居上持续取得新进展。Keep making new progress in ensuring that all the people enjoy their rights to education, employment and pay, medical and old-age care, and housing.

“学、劳、病、老、住”在“人”(句中默认，但省略了的)这个最高大主题下分别承担下级主题，列出了各个方面。翻译为英文时，(从句)主语只能是 people，根据后面各方面总结为 all the people；另外，根据句中谓语“有”的含义是“享有……权利”，将“有”译为 enjoy their rights to，再把具体的权利用补充性的成分来表述。这个译例实现了汉译英由主题突出到主语突出的转换，体现了汉英句子结构分别呈左端、右端开放的特点。

例 8　统一战线是凝聚各方面力量，促进政党关系、民族关系、宗教关系、阶层关系、海内外同胞关系的和谐，夺取中国特色社会主义新胜利的重要法宝。The united front is a powerful instrument for winning new victory for socialism with Chinese characteristics by pooling the strength of all quarters and harmonizing relations between political parties, ethnic groups, religions, social groups and compatriots at home and overseas.

原文置于句尾的中心词“法宝”的本义是佛教、道教中能产生非凡效果或奇迹般威力的神奇宝贝，其比喻义指用起来特别有效的工具、方法或经验。根据语境，“法宝”应翻译其比喻义，即 powerful instrument，其前面有多重限定、修饰性定语，这反映汉语思维习惯倾向，即从具体到一般“归纳”，先说各种具体的限定和修饰，最后说总体。英译时，要考虑英语注重“演绎”思维倾向，先说总体，然后逐一展开具体项目。“左端开放”汉语语言结构译为英文，译文就要遵循英文的“右端开放”的结构特点，将置于句尾的“法宝”提前。

例 9　我们在任何情况下都要牢牢把握住社会主义初级阶段这个最大国情。We must bear in mind under any circumstances the paramount reality that China remains in the primary stage of socialism.

句中谓语动词“把握”的宾语“国情”，前面有较长的修饰限定成分，这反映了汉语思维“左端开放”的特征；根据英文“右端开放”的特点，英译时将限定修饰成分 that…后置；under any circumstances 由于与谓语成分意义上紧密相关，所以紧跟 bear in mind 之后。“国情”一方面指一个国家的社会性质、政治、经济、文化等方面的基本情况和特点；另一方面特指一个国家某一时期的基本情况和特点。虽然“国情”中的“国”就是指“中国”，但不用 China situation 来翻译“国情”，因为 situation 主要是指各种情况之间的相互关系，着重指形势或局面，如词组 international situation；而“国情”被直接译成英文 China reality，因为 reality 主要指实际存在、实际看到或经历过的事实。另外，译文用 bear in mind 这个词组来翻译“把握”，用从句 that China remains in the primary stage of socialism 表述原文中的名词词组“社会主义初级阶段”，这反映在翻译这种跨语言文化的交际中，词(字)、短语和句子的单位不是固定僵化的，字词可以用短语甚至句子来表述，反之亦然。

例 10 任何组织和个人都不得有超越宪法和法律的特权。No organization or individual has the privilege of overstepping the Constitution and laws.

句中“任何……都不”属于主题/话题系统中的主题，原译文实现了从主题倚重到主语倚重的转变，直接用属于主语化的 No+名词来翻译。Overstep 和 transgress 都可用来翻译“超越”，前者的意思是踏过，逾越，超出……的限度，偏普通、口语化强；后者是源于拉丁语 transgressi 的正式词汇，其意思是违背(法律)，较为正式，但当代英语一般使用普通词汇，所以选择前者 overstep 而不是 transgress。

例 11 坚持发展是硬道理的本质要求就是坚持科学发展。Pursuing development in a scientific way best embodies the thinking that only development counts (development is the absolute principle).

句尾的“坚持科学发展”是句首的“坚持发展”这个总话题下的下一级主题，即属于大主题下的具体成分，是更内在的含义。英语思维倾向于从具体的和内部的意义开始。用 best embodies 来表述“本质要求”也是出于同样的原因，使两者逻辑关系上的形式与内容更加明确和具体，即以“坚持科学发展”来体现(embodies)“坚持发展是硬道理”。虽然不调整语序可以用被动 is embodied in 来表述，但是相比之下，原译文更加符合英语思维习惯。

例 12 给子孙后代留下天蓝、地绿、水净的美好家园。Leave to our future generations a beautiful homeland with green fields, clean water and a blue sky.

句中“天蓝、地绿、水净”的构词模式是“主题字+述题字”，充分体现了汉语思维“主题突出型”语言根本特征。英译时从中文主题结构到英文主语结构的转换，实际上也体现了从中文动态(谓语词)表述到英文静态(名词)表述的转换，即把“天蓝、地绿、水净”转换为 green fields, clean water and a blue sky。另外，原译文 leave to 没能突出“人们身后留下……”的意境，改用

leave behind sth. for sb. 更合适。

建议整句改译为：Leave behind a beautiful homeland with green fields, clean water and a blue sky for our future generations.

例 13　我们必须把坚持以经济建设为中心同四项基本原则、改革开放这两个基本点统一于中国特色社会主义伟大实践。We must adhere to the central task—economic development—and the two basic points—the Four Cardinal Principles and the policy of reform and opening up—in our great endeavor to develop socialism with Chinese characteristics.

该例中文主体结构是"我们必须把……统一于……实践"，其中的"统一于"用介词 in 来翻译，充分体现了英语静态结构的作用。整句的译文用中间镶嵌同位语的方法处理，目的是让读者通过标点和语法更好理解句义，但是，由于译文中插入成分过长，而比较重要的"统一于……"被这些插入成分隔开，这可能会对 in our great endeavor…所限定的内容产生歧义，建议根据英文"右端开放"的倾向，取消插入成分的句法结构，把具体的内容后置。

建议整句改译为：We must incorporate into our great endeavor to develop socialism with Chinese characteristics the central task of economic development and the two basic points, namely the Four Cardinal Principles and the policy of reform and opening up.

例 14　提高科学研究水平和成果转化能力。We should improve research and our capacity for applying research results to production.

原译文省略了"科学"(scientific)，这是由语篇主题决定的(即语境已经确定了"科学"的主题)。因为在同一语篇/语段主题意义十分明确的情况下，英文语言思维倾向于避免词语重复，而中文语言思维不忌讳重复。原译文还省略了"水平"的翻译，这是因为既然是"研究"必然有"水平"这个实质性问题，同时是英语名词意义具有可延展可解释的特点所决定的。另外，句中"转化"不直译，而添加了 production，因为主题语境下的"转化"实际上指"应用于生产"。

例 15　保持国际形势总体稳定具有更多有利条件。All this has created more favorable conditions to ensure general stability in the international environment.

句中“保持国际形势总体稳定”表面上是汉语传统语法的主语，实际上是目的，所以根据前文译出 all this 并做主语，将原文置于句首、表目的的词组，作为后置状语来处理。这是涉及句子单位重新理解和划分的处理方式。此处的划分决定需要添加动词(created)作为连接主题与述题的必要成分。此译例说明从中文主题语义系统向英文主语语法系统的转换需要理解语义结构和语法结构的关系。

例 16 努力做到干部清正、政府清廉、政治清明。See to it that officials are honest and upright, the government is clean, and political integrity is upheld.

句中宾语“干部清正、政府清廉、政治清明”是“主题+述题”语义结构，原译文采取两种方式来译，一是保留汉语主述关系并添加系动词变为英语主语+谓语/补语结构，如前两个四字词组分别加 is(are)和补语；二是把主述结构翻译为形容词+名词的偏正结构。此处前两个主谓结构的翻译属于第一种方式，而第三个四字词组“政治清明”转为英文形容词+名词(political+integrity)的结构，属于第二种方式，所以添加 is upheld，以保持句子的完整性。从根本上说，这种翻译变化还是汉语突出主题与英语突出主语的差异决定的。

例 17 加快形成新的经济发展方式，把推动发展的立足点转到提高质量和效益上来。Speed up the creation of a new growth model and ensure that development is based on improved quality and performance.

原译文将原句主题系统中以动词为中心的动态表述词组“提高质量和效益”转述为 improved quality and performance，“转到”用 is based on 表述，这反映英文多用名词为中心的静态来表述或习惯用被动表静态的特点；把“推动发展”中的“发展”提出并做宾语从句的主语，因为这实际上是英语话语的主题，置于句首起到突出主题的作用，另外，“形成”的词典释义是 form/formation，译文并未采取直接翻译，因句中“形成”实际上并非一个自然过程，而是人努力的目的和结果，所以选用体现人的主动性的 creation 一词来译。

例 18 责任重于泰山，事业任重道远。Our responsibility is weightier than Mount Tai, and our journey ahead is long and arduous.

原句由两个并列的主题结构句子组成，前者主题为“责任”，后者主题为“事业”，且包含“任”和“道”两个次级主题。英译时，前一部分的主题“责任”可以直接转换成英语主语；但后一部分的主题结构复杂，主题加并列四字结构，综合分析整句，后面的“事业”就有“责任”或“任务”的意思，所以后面的“任”和前面的“责任”语义上可以合并，根据主题词意义默认而省略“任”，只需要翻译“道远”——our journey ahead is long，而“任重”中的“重”也随着主题层次的综合简化译为 arduous。

例 19　形成以技术、品牌、质量、服务为核心的出口竞争新优势。Make China's export more competitive in terms of technology, brand, quality and service.

汉语主题系统支配的语序与英语主语系统支配的语序差异在句中体现出来：汉语从具体地逐一例举（技术、品牌、质量、服务）到一般总结（竞争新优势）；而英语则是从概括的点（export more competitive）开始过渡到具体项目。汉英语序差异，汉语正式文体的“左端开放”特征决定具体的修饰性成分加在前端（左端），英语则遵循“右端开放”的规律把同样的项目加在后端（右端）。“形成以……为……的”是一个受西方语法体系影响的现代汉语表现形式（框架结构），英译时不直接转换该框架结构，因为英文追求直白风格，所以用英文 in terms of 来表述一般命题和具体解释说明的联系。

例 20　我们的人民热爱生活，期盼有更好的教育、更稳定的工作、更满意的收入、更可靠的社会保障、更高水平的医疗卫生服务、更舒适的居住条件、更优美的环境，期盼着孩子们能成长得更好、工作得更好、生活得更好。人民对美好生活的向往，就是我们的奋斗目标。Our people have an ardent love for life. They wish to have better education, more stable jobs, more income, greater social security, better medical and health care, improved housing conditions and a better environment. They want their children to have sound growth, have good jobs and lead a more enjoyable life. To meet their desire for a happy life is our mission.

该句充分反映汉语作为主题突出型语言，在主题不变的情况下可以不断接续动词构成联动性的谓语，而英语是主语突出型语言，一个主语后只使用一个谓语动词，所以，原译文从两个“期盼”开始分别采用 They 做主语重新造句。另外，“热爱生活”译为 have an ardent love for life 而不是 love life ardently，是因为中文表意中心常用动词和谓语性成分，而英文倾向于用名词性成分做表意中心，句子动词则往往选取意义宽泛的通用动词或系词（此处使用 have）。

例 21 政治坚定、能力过硬、作风优良、奋发有为的干部 officials who are firm in political conviction，competent and energetic and with fine conduct

该例中的三个“主谓结构”的词组“政治坚定”“能力过硬”“作风优良”都是典型“主题+话题”的中文表达模式，原译文按照英文习惯（英文在同一个主语系统的支配下倾向于使用词性、语法属性相同的并列词语）进行转换，将“作风优良”（with fine conduct）与“奋发有为”（competent and energetic）的语序进行调换。但形容词 energetic 与名词 conduct 并列起来有违和感，因此，建议将词性相同的两个词并列起来，比如一律用名词性成分来翻译，从而避免形式上的散乱。

建议整个词组改译为：officials with firm political conviction，good competence，right conduct，and promising endeavor

例 22 推动建立长期稳定健康发展的新型大国关系。Strive to establish a new type of relations of long-term stability and sound growth between major countries.

句中前置定语“长期稳定健康发展的新型”修饰“大国关系”，但根据英文首先通过语法手段突出主题词的语言思维习惯，把其中的“新型关系”前置，同时将这些修饰词转为名词，用介词 of 连接。这种变化是一种系统性变化，也反映了中文“左端开放（复杂修饰性成分在前）”而英文“右端开放（同类修饰性成分在后）”的一般规律。另外，“大国”在某些场合可译为 major powers，如“超级大国”译为 super power。但此处的“大国”译为 major countries 而不是 major powers，这是因为 power 一般在特殊语境中（如军事力量竞争等情况下）使用比较适宜，一般情况下最好不用。

例 23 保护生态环境必须依靠制度。System building is crucial to protecting the ecological environment.

原译文改变语序并使用 crucial to 来表述，明确了话语的起点（即段落主题——制度建设、健全问题）、方向和重点。从“依靠制度”中可意会其中有“要依靠建设、健全制度”的意思，所以英文添加 building 表述为 system building；如果该句直译为 Environment protection relies on system（building）也可以理解，但由于 rely on 意思宽泛，有“由过去的经验，使人相信仅有制度就必定能保护好环境”的意味，表达不如原译文自然。

例 24　在漫长的历史进程中，中国人民依靠自己的勤劳、勇敢、智慧，开创了民族和睦共处的美好家园，培育了历久弥新的优秀文化。During the long course of history, the Chinese people have, working with diligence, bravery and wisdom, created a beautiful homeland where all ethnic groups live in harmony, and developed a great and dynamic culture.

句中“依靠自己的勤劳、勇敢、智慧”是原文中的状语，如果翻译中按照常规语法置于 where 引导的定语从句后，就会造成更长的宾语部分，把本应尽量紧密相连的谓语动词与其状语远远隔开，从而失去紧密连贯的语气。而英语的特点是，一个句子的主谓宾三大主干成分尽量紧密相连，主语要突出，中间一般不使用过长的镶嵌成分。所以，原译文不改变语序而使用 working with diligence, bravery and wisdom 这个相对较短的插入性独立状语的方式来表述，这不仅在不改变语序的前提下做到了准确、高效表达原意，而且紧密连贯，更显得自然。

例 25　中国共产党成立后，团结带领人民前仆后继、顽强奋斗，把贫穷落后的旧中国变成日益走向繁荣富强的新中国，中华民族伟大复兴展现出前所未有的光明前景。Since its founding, the Communist Party of China has made great sacrifices and forged ahead against all odds. It has rallied and led the Chinese people in transforming the poor and backward Old China into an increasingly prosperous and powerful New China, thus opening a completely new horizon for the great renewal of the Chinese nation.

“中国共产党成立”的译文先用 its founding，而后在主句中说出主语实义词，这是从汉语主题语义系统到英语主语语法系统转变所决定的变化：中文主题当先，用主题词而不是其替代性词语点明主题；而英文主语当先，主题不必在句首表明，所以可以使用指代性词语。“团结”不译为 unite 而选择 rally，是因为根据语境，其实际语用意义不是把分离或分裂的人民统一起来，而是指把分散的力量汇聚起来。“前仆后继、顽强奋斗”体现了中文注重使用谓语动词性成分，追求具体性、生动性的习惯和对修辞性的重视，表述为 has made great sacrifices and forged ahead against all odds 则反映了英文倾向于从整体上对谓语成分意义进行归纳综合、简单表述的习惯。添加 thus 是因为中文习惯意合，对逻辑关系不必显化，而英文习惯形合，需要通过语法形式来显化逻辑关系。

例 26 逐步建立以权利公平、机会公平、规则公平为主要内容的社会公平保障体系。Establish in due course(gradually) a system for ensuring fairness in society featuring, among other things, equal rights, equal opportunities and fair rules for all.

句中话题中心词是“体系”，前面有较长的定语，中心定语前面又有三个四字词组修饰定语，这反映了汉语注重语言节奏、多用四字组合词组、双音字副词修饰双音字动词的现象比较突出等特点；另外汉语强调以动词为语义中心的语言思维传统，而英语表意重点在名词性成分，不强调对动词进行修饰，所以“逐步”被译成 in due course。译文...featuring, among other things 以不同的语言表达角度十分地道地表述了“以……为主要内容”的意思，而且比按照原词语翻译显得更灵活。

例 27 集约化、专业化、组织化、社会化相结合的新型农业经营体系 a new type of system for intensive agricultural operations that are specialized, well organized and commercialized

汉语在中心词前面添加辅助、修饰成分，即“左端开放”，先说具体、形象的语义成分，再说较复杂的结构，因此把几个“化”置于首位。而英语则习惯把更概括的(more general)词语概念(a new type of system)置于首位，在后面添加辅助修饰成分，即“右端开放”。句中的“化”是“五四”以来现代汉语受西方语言影响(词缀影响)而出现的正式书面文体表达方式，在汉语中的使用反而大大超过了其源流(-ize/-ise)，回译成英文时可以考虑适当减少，比如，原译文将“集约化”与后面的“农业经营”合并处理。

建议整个词组改译为：a new type of system for agricultural operations that features intensity, specialization, organization and commercialization

例 28　建立反映市场供求和资源稀缺程度、体现生态价值和代际补充的资源有偿使用制度和生态补偿制度。Establish a system for paying for resource consumption and compensating for ecological damage—a system that responds to market supply and demand and resource scarcity, recognizes ecological values and requires compensation in the interests of later generations.

句中离两个宾语“制度”最近的自带定语“资源有偿使用”和“生态补偿”（的制度），有主次之分，“资源有偿使用”为主，“生态补偿”为次。原译文把握“资源有偿使用”和“生态补偿”的主次关系，翻译为 paying for resource consumption and compensating for ecological damage 并前置。该译例反映了政论文汉译英从中文思维的“左端开放”（即在句首或中心词前面加修饰词、限定语）到英文思维的“右端开放”（即与中文相反，在中心词后面添加修饰词）的转换及语义从中文“由具体到一般”到英文“由一般到具体”的转换。另外，原译文将自带定语之前较长的限定语“反映市场供求和资源稀缺程度、体现生态价值和代际补充的”后置，用同位语方式处理，以保持句子结构平衡。

例 29　着力构建以企业为主体，以市场为导向，产学研结合的技术创新体系。We should establish a system of technological innovation in which enterprises play the leading role, the market points the way, and enterprises, universities and research institutes work together.

“着力”可解释为尽力、用力，为一般口头用语，有强调该动词的语法与修辞功能，但此句没有特别强调“着力”这个动词的实际意思的目的，即使在原句也可省略不翻译。由于现代汉语“左端开放”，较复杂的修饰、限定性成分置于主要成分前面；而英语结构“右端开放”，修饰成分放在主要成分后面，英译时，将三个连续的修饰成分变为三个从句，置于 system 后面，很符合英语思维习惯。

第三章　汉语的主观视角与英语的客观视角

我国著名语言学家王力曾经在《王力文集》第一卷《中国语法理论》里指出，汉语是“人治的”语言体系，语义通过字词直接表达，不同的意思往往通过不同的短句表达出来。这是因为中国文化以人为本，认为是人而不是动物具有有意识的行为，中国人认为“天人合一”，即汉民族的思维从人的主体角度出发，对事物进行说明和描写，思维的主体和客体是没有严格区分的，强调人与自然的统一。汉语叙事更强调人的感受，常常从“人”的角度出发，从主观视角出发，趋向于使用主观视角。所谓主观视角，是指从“人”的主观角度，进行叙述或描写。

王力同时指出，英语是“法治的”语言体系，注重语法，因而更强调句子的语法结构通达流畅。英语更多的表述是从物开始，强调语言表述的客观视角。所谓客观视角，是指从客观的角度，从物或事开始，进行叙述或描写。这是因为西方文化以物为本，西方人认为，人超于自然界之外，具有绝对的支配和改造自然的力量，西方传统思维以自然为认知对象，认为只有认识自然，才能把握自然。因而，对主体与客体有着严格的区分，主客两分，天人对立，明确区分主体与客体，排除主观因素，划分内心世界与外部自然界。

这种汉英语言思维方式的差异致使英汉语言表达有不同的视角取向，这种视角取向在汉英语言表达中有明显差异：汉语往往以人作为句子的出发点，描述客观事物时不是从客观事物本身，而往往是从人的视角着手，因此存在大量的主动语态及主动形式被动句；汉语以人作为句子起点的主动句极多,以人为默认出发点的无主句很多,往往可以添加人做主语;被动句相对较少,即使从被动的角度来表达,也不完全等同于英语的被动句,“被”“受”“遭(到)”这些词语的意义,在传统的汉语中往往带有不好的意味,如“小明被离婚多次了”,而“被表扬”“被赞赏”“被提拔”等包含正面意义的表达,只是在现当代才渐渐开始出现,并不是汉语传统的表达方式。与此相反的是,英语在描述主体与客体相互关系的时候,往往从客体着手,常把观察或叙述的视点放在动作的结果或承受者上,因此存在大量的被动句,强调客观性;以事物、概念等名词做主语,“it”形式主语句,“there be”句型和被动句相对较多,被动句表达的现象远远高于汉语。

视角取向的差异在语言结构组合关系中的反映是:汉语的意合无所谓广义与狭义之分,各个语言成分只要在人看来语义相关,符合逻辑就可以构成自然的意义组合关系并直接并列出来,强调内在的语义结构,是具有较高主观组织意识的“人治”的语言,汉语倾向于表面上直接并列,而实际需要人从主观角度判断其主次、层次关系的意合(即仰仗意义——内在逻辑);而英语倾向于主次、层次关系分明的形合(即依附形式——词语的曲折变化、词缀、关联性词语)关系,英语广义的形合包括一切借助形式或形态手段完成句法组合的方式,如语法词类标记、构词或组词标记、语法范畴标记(如性、数、时态、语态等),而狭义的形合只包括词汇手段。人们称英语为注重外在语法结构、具有较高客观组织规律的“法制”语言。

翻译时,我们考虑到主观、客观视角与意合、形合的倾向性差异的同时,也应该理解人类思维方式也有相通之处,可以理解并互相借鉴,而且在不同的文体中又有特殊的变化。比如,当代中文正式文体为了显示严谨和逻辑也常常偏离自身语言传统,从客观角度出发使用一些形合的语言表达方式,如中国“五四运动”以来书面语言借鉴西方语法而发生的一些变化。

以下一些政论文本翻译例子,运用以事物、概念等名词做主语,“it”形式主语句,“there be”句型和被动句等方式体现汉英语言的主观、客观视角与意合、形合的倾向性差异,供参考、论析。

例 1　国际局势风云变幻。We face a volatile international environment.

一般情况下,汉语是从主观出发,以人为本;而英语则从客观出发,以事实为起点。但翻译中也存在着汉语主观视角与英语客观视角不转变的现象,保持原句的主、客观角度,以便更适合语篇衔接和连贯,造成更好的修辞效果。这里从主观角度把 we 翻译出来,就是和前后文结构有关的。句中“风云”没有实际意义,它是汉语注重辞藻“诗性”的传统决定的,原译文不翻译,以避免造成不必要的辞藻堆砌、不简洁的感觉。

例 2 中国政府通过在联合国及其他场所发挥的作用表明,中国认识到了这一点。Our government shows that it understands this, by the role that it plays in the United Nations, and elsewhere.

该句英文中 it 这个代词使用了两次,中国政府是 it 的指代对象。在英语中,it 往往给人的感觉是一种弱化的体现,在此处的特殊语境含义是,联合国有近 200 个成员国,中国虽然是一个大国,但与联合国比起来,中国在联合国所起的作用,确实是“微不足道”的,所以,此处用 it 能形象反映出中国在联合国的作用和地位,是合乎情理的。而英语文本里指代中国的 it,常常对应地翻译为“中国”,则更多的是体现中国人“以自我为中心”的视角,突出主观性。

例 3 中国要在短时间内达到粮食高产国家的水平难度较大。It will be difficult for China to reach the level of countries with high grain product in a short period of time.

这句中文的实际主语较长,因为中文习惯用头重句,即“左端开放”。为了不使句子头重脚轻,原译文用形式主语 it,因为英语是形合语言,习惯用尾重句,一般把实际主语置于句子的末端,即“右端开放”。

例 4 促进人的全面发展。Promote well-rounded development of the person.

句中“全面”的英语释义是 all-round、well-rounded 或 comprehensive 等,从词义上的主、客观来看,all-round 的含义是客观存在的全面,well-rounded 具有从主观考虑尽量周全、周到的含义,句中隐含的意思是主观上的尽善尽美,因而选用 well-rounded 更恰当。另外,“人的发展”不能译为 personal development,因为 personal development 有一个与他人无关的、个人的发展的含义,如翻译为 development of the person,其中 the person 又显得句中的“人”指向过于具体。

建议整句改译为：Promote well-rounded human development.

例5　文化产品更加丰富。More cultural works should be created.

结合语境，句子的隐含中文意思是我们“要使”“促使”文化产品更加丰富，是从主观角度来表述的，省略主语“我们”。英译时，将主观的角度转为客观的被动表达时，隐含主语没有必要提出，文化成为被动句的主语。

该句还可译为：Cultural products should be further enriched.

例6　一些领域消极腐败现象易发多发。Some sectors are prone to corruption and other misconduct.

按照传统的“主谓宾”语法概念，可以把“一些领域”理解为“在一些领域”省略了“在”的状语，那么“消极腐败现象”就是句子主语，但该句子是话语/篇章的一部分，“消极腐败现象”已是讨论中的话题，再次作为句子主语置于句首只会显得啰唆、不连贯，所以，直接使用 some sectors（“一些领域”）做主语，从而造成“客观句”，从事物本身出发，而且更显得直接、干脆，prone to 正是与这个客观性主语搭配最恰当的选择。

例7　在更大程度更广范围发挥市场在资源配置中的基础作用。Leverage to a greater extent and in a wider scope the basic role of the market in allocating resources.

句中“发挥”的实际意思不是“市场自己发挥”，而是“人使……得以发挥”。此处的“发挥”不直译，而是用动词 lever 的同源名词 leverage 来翻译这个词，以实现从中文思维的“主观视角”到英文思维的“客观视角”的转换，主观的“发挥”与客观的“作用”就实现了意义的一致，以人的努力促进了客观的变化。另外，中文的“程度”和“范围”意思相似，可以用意义比较宽泛的 extent 翻译即可，因为 extent 概括了“程度”和“范围”的意思。

例8　我们必须坚持人民主体地位。We must ensure that the people maintain their principal position in the country.

原文从表面来理解，坚持的是“人民主体地位”，这里有逻辑上的问题，其实主观上要坚持的并不是“人民主体地位”，而是以人民为主体，让人民享有主体地位的政策、原则或态度，从而保证人民的地位。因此，主观的“我们”和客观的“人民主体地位”应该分开理解并予以说明。汉译英要考虑汉语思维中常见的逻辑跳跃和主、客观角度的调整、转变等，又要根据英语思维按部就班、严守逻辑的思维习惯，把省略的补充出来，因此，原译文在后面添加 in the country。

例 9 充分发挥人民积极性、主动性、创造性。People's enthusiasm, initiative and creativity should be fully leveraged.

该句的隐含意思是“允许”“鼓励”“激励”人民去“发挥”，而中文主语省略是因为没有必要说，所以原译文用“人民”做主语、使用被动结构来翻译，从而把表述的视角从主观转向客观，做更简单的翻译。

整句可改译为：Bring into full play the people's/citizens' enthusiasm, initiative and creativity.

例 10 社会主义核心价值体系是兴国之魂，决定中国特色社会主义方向。Core socialist values are the soul of the Chinese nation and serve as the guide for building socialism with Chinese characteristics.

“决定”具有主观色彩，但句中“决定……方向”的主语是抽象概括的“价值体系”，用 serve(或 function)翻译“决定”显得客观、直接；“体系”不必翻译，因为 values 可以是概括的，具有可延展的意义，把“体系”概括在内。“社会主义”与“核心”并列修饰“价值体系”，翻译时，两个修饰词的顺序应该发生变化，因为这句中文里“社会主义(的)价值体系”(socialist values)与“核心价值体系”(core values)相比，前者是前提，关系更加重要；而英文则把重要的修饰词放在离中心词更近的位置。

例 11 中国将努力促进国内粮食增产，在正常的情况下，粮食自给率不低于95%。China endeavors its grain production so that itself-sufficiency of grain under normal condition will be above 95%.

该句的后一个分句是前一个分句的目的，这种关系在汉语里是意义连贯的，而在英语里必须用显性标记 so that 表示出来，符合其形合的要求，否则英语读者弄不懂前后两个分句的关系。此外，原译文还分别用一般现在时态、将来时态及不同的介词 under, above 来表现原句的意思。

例 12 对权力运行进行制约和监督。Conduct checks and oversight over the exercise of power.

虽然“运行”的英文对应表达是 operation，operation 多指一连串行动或行为的完成，但此处的“运行”实际上并不是宏观的运行状态，而是指掌权者具体行使权力，所以用 exercise of power 来表述更确切。“制约”可用 checks 或 restraints 来表达，checks 的含义是具体的和从主观出发的制约，而 restraints 具有较强客观意味，翻译本句要突出其主观色彩，选用 checks。

例 13　决策问责和纠错机制 mechanisms for decision-making accountability and remedy

中西方对于“问责”的做法有差异，中国文化从主观出发，指其他人对责任人的质问和对责任的追究，而西方文化从客观出发，直接指向责任人对责任（即有关事故、后果等）的解释和交代（account for）。汉译英应根据这种思维在直接性与间接性、主观性与客观性的差异中进行转换。另外，“纠错”在中文中字面的意思是纠正错误，但此处还含有对有些无法纠正或改变的错误采取弥补、补救措施的意思，所以不能按照字面意思（意义过窄）进行翻译，使用涵盖意义更广的 remedy 来翻译更全面。

例 14　打断骨头连着筋。同胞之间，手足之情，没有解不开的结。Bones may be broken，but they are still linked by sinews. The compatriots on both sides of the Taiwan Straits are siblings of the same family，and there is no knot between them that cannot be untied.

该例的第一句虽然是单独成句的一个比喻，但意义上与后面的句子属于汉语“意合”关系，即正如……同胞之间……其中 of the same family 没有必要翻译，因为兄弟姐妹 siblings 本来就是同属一个家庭 family 的。所以根据英文思维倾向于形合、集约的特征，建议将原译文的两句话按照其意义关系直接连成一句来表述，并适当添加词语进行具体解释。

建议整句改译为：As broken bones may still be linked by sinews，the compatriots on both sides of the Taiwan Straits are still linked as siblings，between whom there is no knot that cannot be untied.

例 15　要多谋民生之利，多解民生之忧。We should bring as much benefit as possible to the people，resolve as many difficulties as possible for them.

句中“多”的意思是“尽可能多”“尽量”，与“少”是相对的，没有相对的指标,应该转译为 as much(many) as…;在中文里“忧”是主观的表现,因为有困难而烦忧,英译时根据英文强调客观性的特点,用 difficulties 翻译“忧”比较合适,因为 difficulties 才是造成烦忧的客观的根源/根本。

例 16 民生连着民心,民心关系国运。People's livelihood shapes public opinion,which in turn will shape the future of our country.

这组并列句,从中文意会、意合的思维模式可知它们是递进关系,“连着”和“关系”具有概括性,意思不够具体,所以使用 shape 一词来表达更加清楚,实现从概括到具体的转换。原文两个形式上的并列句用 which in turn 相连,从中文的意合转为英文的形合、逻辑化的表述。

例 17 增强全社会学法尊法守法用法意识。Enhance the whole society's awareness of the need to study,respect,observe,and apply the law.

该句的隐含意思是“增强全社会有必要学法尊法守法用法的意识”,由于英语注重形式逻辑关系,翻译时必须添加 the need,否则逻辑上就很难连接起来。原译文很好地实现了从中文“意合”(意会)到英文“形合”的转换。

例 18 过去一年,困难比预料的多,结果比预想的好。In the last year, we met more difficulties but delivered a better performance than expected.

该句在同一个时间状语后有两个并列的主谓结构句子,体现中文“意合”的语言思维倾向,两个并列句可直接并列。根据英文“形合”习惯,翻译时用一反一正的并列句,并用 but 相连,从而把两者之间的逻辑关系明确显示出来。

例 19 己正才能正人。Only when one is upright himself can he ask others to be upright.

在重意合而轻形合的汉语里存在大量的缩合句,该句就是一句缩合句,第一个“正”不是“正确”的意思,而是从品行德操上讲的“正直”,与 upright 正好对应,第二个“正”的意思是“使/让人变得正直”。汉译英时应该根据意思把缩合的句子展开翻译,根据英语的形合特点添加主语、结构、关联词等,但这就无法避免英语句子长于汉语的情况。

例 20 实行城乡按相同人口比例选举人大代表。Urban and rural deputies to People's congresses are now elected on the basis of the same

population ratio.

本句是省略了主语的主动句,选举事宜须客观公正地对待,通过把原句翻译成被动句,给人以从事物或事情本身出发,追求客观性的感觉,而不仅仅是主动与被动的形式转换。“实行”显然是对一个方针政策或办法而言的,使用被动形式,达到了客观的目的,也避免了搭配选择问题。

例 21　形成合理消费的社会风尚,营造爱护生态环境的良好风气。Foster a social atmosphere of practicing moderate consumption and cherishing the ecological environment.

从人的主观角度出发,具有客观性的动词“形成”应理解为“使……形成”,因此变通翻译为 foster;“形成”与“营造”的连续使用即体现了中文思维突出动词使用并以动词驱动、连接话语(篇章)的特点,而英文不像中文那样强调动词的使用,是以静态表现为主,所以“营造”一词省略不译。句中的“合理”实际上并不涉及理性思辨的理性,不译为 rational,而是指比较明智、有度的消费,所以转换为 moderate, wise, prudent, measured, judicious 等较为妥帖。“风气”实际上指社会普遍认同的行为方式和信念,也可以用 social ambience, social convention 等表述方式来翻译。

例 22　坚持依法治国和以德治国相结合。Integrate the rule of law with the rule of virtue.

从英语注重直接性和客观性的视角来看,“依法治国”与“以德治国”虽然完全可以用 by/with,但原译文使用 of 而不使用 by 或 with,则体现了最本质的、客观的意义,即最终结果不是主观的“人(以法)治”,而是客观的“法(自)治”和“德(自)治”,逻辑上以“法”和“德”为主体。英文中 of 无疑是使用频率较高的介词之一,往往可以用来代替其他意义更加具体的介词。

例 23　长江后浪推前浪,一代更比一代强。Just as the Yangtze River surges forward waves upon waves, the new generation will invariably overtake the old one.

该句表面上是并列结构,其实整句的逻辑关系是:像……一样,一代……因为中文习惯意合,其实其逻辑关系没在语言形式上表现出来。但根据英文重形合与形式逻辑的习惯,应该添加 just as 把两者按照主次连接起来,另外,原译文中最后的 one 也可省略。

例 24 解决人们最关心最直接最现实的利益问题。Solve the most pressing and acute problems of the greatest concern to the people.

原译文从客观视角出发,凸显问题,在就事论事的基础上引出 problems,紧跟词语 solve 后;而把从主观视角出发的词语"人们"people 放在句末,做补语。这是英汉两种不同思维方式决定的系统性转换,如从语法转换角度来理解其中的 of 和 to,就不能从逻辑的角度厘清意义的层次关系。

例 25 宇宙浩瀚,星汉灿烂。70 多亿人共同生活在我们这个星球上,应该守望相助、同舟共济、共同发展。The universe is boundless and the stars shine bright. Seven billion people share our world. People should help each other. People in the same boat should row together. We should seek common development.

该句是由两句话组成的话语链,其中没有形式上的连接词,由于中文注重意合,话语结构表面上常常显得流散,读者或听者可以理解两句话的意合关系;而英文结构强调形合,句子中的各种关系常常需要通过语法、逻辑连接手段连起来,原译文显得不是很紧凑。

建议整句改译为:In this boundless universe and the bright galaxy, there are seven billion people sharing our planet. We should see that we help each other, and contribute our efforts in rowing the same boat and seek common development.

第四章 汉语喜重复与英语好省略

汉英语言对比研究表明，汉语与英语对事物与概念的指称、替代和重复有各自的传统习惯，即对这些现象的表现方式和侧重点、倾向性或某一特别现象的使用频率有一定的差异。

汉语是典型的分析语，其主要特征是不用形态变化而用词序及虚词来表达语法关系，汉语比较习惯于重复，因而常用实称、还原和复说的表达方法。汉语作为一种意合语言，汉民族的整体思维特点对汉语的演化和走向做出自然而理性的选择，如汉语的重复倾向与其语音文字的特点有密切的关系，汉语讲究均衡美的特点往往促成用词造句的重复倾向。汉语的重复特点使其语言音韵更有节奏感，借助重复加强语气或从语言节奏上加强修辞效果，不像英语那样注重语法形式分析，句子单位明确清楚，在很多情况下，无论使用句号还是逗号，都不会造成理解上的问题，对句子的理解比英语更需要依赖语境和话语的主题意义，只要语境明确，从上下文中可以推知所指事物，往往就可以根据已明确的话题省略；如果省略可能造成理解上或修辞上的问题，汉语则往往宁可使用重复手段而不是替代或替换手段，比较少使用替代和替换性词语指代文中已经出现的事物和概念，代词和关系词的使用不如英语那样频繁，英语的代词在汉译时常常采用还原、复说或省略的办法加以处理，重复与省略的频率明显高于英语。

英语属于综合语，主要特征是运用形态变化来表达语法关系，词序比汉语灵活，但相对固定；虚词很多，用得也相当频繁。英语作为一种曲折变化的语言，有注重个人思维的影响所导致的形合特点，因英语注重语法形式结构，常出现各种静态组合关系（如各种修饰、限定成分），通过语言形式本身表明所指事物之间的联系，对语境的依赖性相对较低，即英语在语句铺排上以主谓为骨架，其余各范畴词语严格按照形式逻辑法则，以约定形态和等级线性地环环相扣。这种形合特点使其采用替代、省略、指代的手段来避免重复，即在话语衔接手段上大量使用替代和替换性词语指代话语中已经出现或将要出现的事物与概念，代词和各种关系词用来指称上下文中提到的事物是一种比较普遍的现象，而重复与完全省略的现象则相对较少。一般来说，除非有意强调或出于修辞的需要，英语总的倾向是尽量避免重复。简而言之，操英语者对于随意重复相同的音节、词语、句式或意义往往感到厌烦，在能明确表达意思的前提下，尽量采用替代、省略或变换等方法来避免无意图的重复。

以下是从汉语政论文中选取的一些英译例子，用以说明英汉语言表达中的重复、省略与指代的差异及其对翻译方法与技巧的影响。

例1 保障人民知情权、参与权、表达权、监督权。Uphold people's right to be informed about, participate in, express views on and oversee Party and government operations.

句中“权”字重复出现体现了汉语的重复特点，英译时要根据英语避免词语重复的习惯，“权”字只需要翻译一次，以遵循英语注重集约型名词词组表达的特点。

建议整句改译为：Uphold people's right to information, participation, expression and supervision regarding Party and government operations.

例2 经济特区发挥了示范、辐射和带头作用。The special economic zones have served as models, radiators and powerhouse.

原译文没有翻译“发挥了示范、辐射和带头作用”中的“作用”，是因为models, radiators and powerhouse 有延伸作用，包含有示范、辐射和带头的作用。

例3 我真诚希望，世界各国人民在实现各自梦想的过程中相互理解、相互帮助，努力把我们赖以生存的地球建设成为共同的美好家园。I sincerely hope that all of us can understand each other, help each other, and make this world a beautiful home to us all.

此句紧接的原文前一句是"中国人民追寻实现中华民族伟大复兴的中国梦,也祝愿各国人民能够实现自己的梦想"。其中"在实现各自梦想的过程中",从前一句中来看,这个意思已经成为可知信息,而英文又追求语篇逻辑连贯缜密、文字风格简洁集约,因此省略不译。

例4　自然恢复为主的方针 the policy of promoting the natural restoration of the environment as a priority

该例省略了的主题词是"环境",即自然恢复为主的环境方针,因为"主题突出"的汉语,在段落主题已经确定的情况下,主题词(主语或宾语)可以省略。但是英语不是"主题突出型"语言,因而翻译表述中需要添加 environment 一词。

例5　推进政企分开、政资分开、政事分开、政社分开。Separate government administration from the management of enterprises, state assets, public institutions, and social organizations.

句中重复使用"政"和"分开"四次,根据汉英传统思维模式中的重复、替代、省略现象的差别,译成英文时不重复 government 和 separate 这两个词。这是因为汉语可通过重复增强语言节奏感,也能在可意会时省略,而英语集约性地一次说明,或用代词取而代之。

例6　贯彻劳动者自主就业、市场调节就业、政府促进就业和鼓励创业的方针。Implement the principle of promoting self-employment, market regulated employment and government backed employment and entrepreneurship.

句中"促进"的基本英语释义是 promote,而原译文不选择 promote 而选择 backed 来翻译"促进",是因为 promote 动态性更强,而 backed 是以"状态"涵盖行为/动作的方式,英文倾向于静态表达、中文倾向于动态表达,还避免了重复。原译文用 entrepreneurship 翻译"创业",体现了"创业"的实质和精神,英语里能用一个名词就不会多用词组或句子来表述。另外,原译文重复使用 employment,可以考虑精简。

建议整句改译为:Implement the principle of making jobs self-supported, market-guided, government-backed, and individually-created.

例 7 保证人民平等参与、平等发展权利。Ensure people's equal right to participation in governance and to development.

原译文用 ensure 而不是 guarantee 翻译“保证”，是遵循英汉思维在动词具体性与一般性方面的规律性差异：英语倾向于选择一般动词如 do，have，make 等，而汉语注重动词的具体性，ensure 更有普遍性，可以包含 guarantee 的意思。再者，guarantee 一词多用于商业领域，因此在这里使用就会显得死板。原句通过重复使用词语“平等”，达到加强语气或感情色彩的目的；而译文只翻译一次出现两次的“平等”，因为英语既不多用重复也不随意省略，为此常常使用代词或改换词语避免重复。另外，原译文添加 governance，使译文意义更加严谨、完整。

例 8 发展现代信息技术产业体系，健全信息安全保障体系。Develop the IT industry and better ensure information security.

句中重复使用的“体系”不翻译，是因为英语的传统语言思维习惯避免不必要的词语重复，且英语名词多具有意义上的可延展、伸缩的性质，英译中时又经常可以添加表示性质、状态、特征等意义的词语（如此处的“体系”）；而汉语传统思维习惯则不忌讳词语的重复，反而经常通过词语重复增强语言的修辞效果和节奏感。

例 9 香港、澳门同胞有智慧、有能力、有办法把两地管理好建设好。Our compatriots in Hong Kong and Macao have the wisdom，ability and resourcefulness to successfully govern and develop the two regions.

“办法”不是一般意义的“办法”（如 ways，methods，tactics 等），它明显有“智慧”的含义，所以译为 resourcefulness 最为恰当，前面的 wisdom 也指“智慧”，但纯粹从精神方面来说，而 resourcefulness 则是 wisdom 的具体化，所以并不能看作简单的重复。实际上，resourcefulness 可以看作“聪明才智”的具体表现，有时候根据需要可以直接返译为“灵活机动”“足智多谋”。另外原译文遵循英语语言的集约特点只翻译一次重复使用的“有”。

例 10 牢牢扭住经济建设这个中心，坚持聚精会神搞建设，一心一意谋发展。We must pursue economic development as the central task and concentrate on it with every determination.

该译例把并列结构的四字成语“聚精会神”和“一心一意”翻译为一个词 concentrate，把“搞建设”和“谋发展”也翻译为一个词组 pursue economic development，并且全部纳入一个句子中，将整个汉语对偶句英译成为一个整体。这种转换在英汉互译中是一个比较普遍的现象，因为二元相对结构是汉语思维的特点之一，尤其是传统章回小说里的章回名称、当今旅游、广告类文体等大都用对联表述，而英语的特点则是一元整合（尽量组成一句话或一个名词性词组）。从细小之处看，可以是一个词的转换（如“大小”转换为 size，“高低”转换为 height，“长短”转换为 length 等）；从大处看，可以两句合并为一句（比如大量的中国学校校训）。

例 11　我们要坚持开放的发展，合作的发展，共赢的发展。We should pursue development through opening up and cooperation to benefit all.

句中“发展”重复三次，在译文中一次性合并，这是由英汉语言思维在“替代”“重复”“省略”三方面的差异决定的，前面译例中已有多次说明，这里毋庸赘述。此处的“共赢”不用 win-win 或（for）mutual benefit，而用 benefit all 来翻译，原因是此处的合作没有具体限定为双方或与特定的一方的合作，具有广泛性，与之相应的“共赢”也不是普通情况下那种用于比赛等语境的意义，而是有利于各方的意思。

例 12　学如弓弩，才如箭镞。A man's command of knowledge is like the bow，and his competence is like the arrowhead. This means a good command of knowledge will enhance one's competence.

该句出自袁枚的《续诗品 · 尚识》，比喻没有学问，才能不能发挥，没有学识指导人生，就没有正确的方向，是中国语言文化中特有的比喻，只有添加适当的解释说明，才能使英语读者明白其内涵，所以补充 This means…。根据英文的形合特点及一元结构表述倾向，该句合二为一译成一句，添加 and。

例 13　我们要胸怀理想、坚定信念、不动摇、不懈怠、不折腾、顽强奋斗、艰苦奋斗、不懈奋斗。We should remain true to our ideal，be firm in our conviction，never vacillate in or relax our efforts or act recklessly，and we should forge ahead with tenacity and resolve.

原文重复使用的"不",一次性翻译为 never,此外使用肯定词翻译,这是翻译技巧中的反译法;重复使用的"奋斗"转换成英文时也不再重复。另外,"折腾"译为 act recklessly,表面上变化较大,实际上功能相当,因为盲目、随意采取行动实际上就是折腾。

例 14 不断提高党的领导水平和执政水平,提高拒腐防变和抵御风险能力。Steadily improve the Party's art of leadership and governance; and increase its ability to resist corruption, prevent degeneration and ward off risks.

句中重复出现的"水平"不需要重复翻译,且不宜译为 level,level 让人觉得有水平已定。原译文用 art 来翻译"水平",art 本身就有程度高低的问题,反映英文名词意义具有可延展伸缩的范畴性特点。鉴于英文注重名词的概括性,动词不是表意中心且尽量少重复的倾向,建议后面的部分做相应的改变。

建议整句改译为:Steadily improve the Party's art of leadership and governance, and its ability to resist corruption, degeneration and other risks.

例 15 建设面向现代化、面向世界、面向未来的民族的、科学的、大众的社会主义文化。Develop a national, scientific, and people-oriented socialist culture that embraces modernization, the world, and the future.

根据英文"提取同类项"(尽量少重复)的原则,句中三个"面向"一次性用 embrace 来表达,虽然也可以用 is oriented to,但 embrace 更直截了当,不仅含有"面向"的表层意义,而且表示欢迎与主动接受。另外,句中"民族的"是广义的,与"国家或国民"有关,用 national 来表述,而不翻译为 ethnic,因 ethnic 意为狭义的"少数民族";"大众的"有 of the ordinary people, of the ordinary citizens, of the populace 等不同译法,但一般不译为 of the masses。

例 16 把生态文明建设融入经济建设、政治建设、文化建设、社会建设各个方面和全过程。Integrate the making of ecological progress with all aspects and the whole process of advancing economic, political, cultural and social progress.

句中连续出现"建设",是因为中文注重节奏感,不厌重复,而英文的音乐性远远不如中文,除诗歌外一般情况下不强调节奏感。"建设"一次性转

译为 progress 和 advancing，不直接译为 building 或 construction，因为 building 或 construction 与有形的、具体的对象如建筑等搭配，与抽象的"生态""经济""政治""文化"和"社会"等对象搭配不贴切。

例 17　保证有法必依，执法必严，违法必究。Ensure that laws are observed and strictly enforced and lawbreakers are prosecuted.

句中"究"不宜直接用 punished 翻译，因为 punish 是最后结果，而非法律程序，直接使用显得不专业或法律程序意识不够。此句翻译变化充分显示了中文注重节奏和节律而英文注重整合归纳的特点。句中"保证"和"必"意义有相通之处，使用 ensure 译出"保证"后不必再翻译"必"，三个重复使用的"法"和"必"译成英文都无须重复，而且根据英文习惯，"有法"的"有"没有必要翻译。另外，"法律（laws）"一般没有必要用复数，应该改为单数。

建议整句改译为：Ensure that law is observed and strictly enforced and lawbreakers are prosecuted.

例 18　开展节能量、碳排放权、排污权、水权交易试点。Carry out trials for trading energy savings, carbon emission rights, pollution discharge rights and water rights.

原译文没有将"试点"中的"点"翻译出来，直接译为 trials，这是利用英语名词的范畴性和可伸缩性求得英文简洁明快的风格，也反映了汉译英的一个重要技巧。另外，原译文重复出现 rights，不符合英文不喜重复的特点，建议将重复出现的"权"前置一次性翻译为 rights。

建议整句改译为：Carry out trials for trading energy savings, rights of carbon emission, pollution discharge and water resource holding.

例 19　该哪一级政府管的事归哪一级管，该放的放得开，该管的管起来。The responsibilities of governments at various levels should be clearly defined. The government should assume its due responsibilities but should not overreach itself.

句中连续有三个"该"字，用来强调具体与归纳，而英文强调概括与演绎，不必一一翻译，使用 clearly defined 就高度概括原文所要表达的意思。从精练的角度出发，译文 clearly defined 直接用 clarified 表述更好。

建议整句改译为:The responsibilities of governments at various levels should be clarified. The government should assume its due responsibilities but should not overreach itself.

例 20 问政于民、问需于民、问计于民。Consult the people on governance, learn about their needs, and seek their advice.

句中有三个"问"和三个"民"字,充分反映中文不嫌重复,常常利用重复加强语言效果的特点。而英文常常忌讳重复,尤其是名词的无意义重复,所以宁可用代词替换也不重复。根据英汉语言的这个重要差别,此处"问"的翻译根据具体语境搭配选择不同的单词,而 people 则只翻译一次即可。

例 21 用制度管权管事管人。Put power, Party and government operations and personnel management under institutional checks.

汉语注重音节工整,为此而不厌重复,此句重复出现的"管"并不是一般意义的"管理",而是具体的"监管",用一个 checks 翻译即可,因为英语没有无谓重复的倾向。

例 22 要尊重劳动、尊重知识、尊重人才、尊重创造。We should respect work, knowledge, talent and creation.

句中重复出现的"尊重"有加强"语气"的作用,用 respect 翻译一次即可,因为英文忌讳重复,与中文相对,有其不同的语气、表达方式和强调方式。另外翻译"劳动",选择 work 而不是 labor,是因为 work 指各种不同的工作,而 labor 主要指一般情况下的体力劳动,而 talent 不必用复数,因为这里说的是笼统的人才。

例 23 贴近实际,贴近生活,贴近群众的原则 the principle of maintaining close contact with reality, life and the people

根据"重复、省略、替代"在两种语言中的传统差异及汉语注重动词使用的动态特征,句中三个"贴近"笼统翻译为 maintaining close contact with,后接三个不同的对象与之搭配,但使用 contact 这一具体词汇和 life 这个空泛的大词搭配难以理解,逻辑意义不够严谨。

建议整个词组改译为:the principle of keeping close to reality, everyday life and the ordinary people

例 24　控制开发强度，调整空间结构，促进生产空间集约高效、生活空间宜居适度、生态空间山清水秀。We should keep the pace of development under control and regulate its space composition. We should ensure that the space for production is used intensively and efficiently, that the living space is livable and proper in size, and that the ecological space is unspoiled and beautiful.

句中"强度"具有抽象性和概括性，其真正含义是在同一时间段里进行、开发活动的密集度或频繁程度，从本质上看还是一个步伐快慢的问题，所以抓住意义本质来翻译"控制开发强度"就应该表述为 keep the pace of development under control。另外，"空间结构"的英文表述是 space composition，而不是 space/spatial structure，因为此处的"结构"并非建筑上构架性的"结构"，而是指不同组成部分或其间的相对比例；"空间"一词在原译文中重复很多，英译时应该考虑如何避免不必要的重复。

建议整句改译为：We should keep the pace of development under control and adjust its space composition by ensuring that the space is used intensively and efficiently for production, livable and proper in size for residence, unspoiled and beautiful for ecology.

例 25　国际金融危机影响深远，世界经济增长不稳定不确定因素增多，全球发展不平衡加剧。The global financial crisis is producing a far-reaching impact on the world. World economic growth is overshadowed by growing factors of instability and uncertainty, and imbalance in global development has widened.

句中"国际""世界"和"全球"是三个语义上重复的词，根据英语的简洁原则，以及中文多并列而英文倾向于整合逻辑的不同语言思维习惯，原译文可更精练。

建议整句改译为：The global financial crisis is producing a far-reaching impact, accompanied by (which has given rise to) increasing factors of instability and uncertainty, and worsening imbalance in development across the world.

例 26　加快实施主体功能区战略，推动各地区严格按照主体功能定位发展。Implement the functional zoning strategy and require all regions to pursue development in strict accordance with this strategy.

"主体功能区战略",即各地区所具有的、代表该地区的核心功能。各个地区因为核心(主体)功能的不同,相互分工协作,共同富裕、共同发展。原文中实际上省略了"国家要求各地根据各地自然条件和经济基础对所辖地区的主体功能进行划定,保证重点发展其功能"的含义,英文为了表达清楚将 zone 作为动词使用并加 ing 来说明战略,这样就准确传达了原文的意旨。另外,由于实际语用意义广泛的"加快""推动"在中文中出现频率过高,应该根据具体情况灵活处理,所以此处变通翻译为 implement 和 require。译文最后的 with this strategy 实际上可以省略,从而避免不必要的重复。

建议整句改译为:Implement the functional zoning strategy and require all regions to pursue development in strict accordance.

例 27 我们决不照搬西方政治制度模式。We will never copy the Western political system.

"政治制度"必然有一定的"模式",句中"模式"省略不译,句子意思也不会改变,反而更加符合当代英文倾向于平白简洁的表述方式,可以用一个词集中表现最好,而中文的正式文体反而常注重语言形式的具体与完整。

例 28 功崇惟志,业广惟勤。Only commitment and dedication will lead to great achievement.

本句出自《尚书 · 周书 · 周官》,意思是取得伟大的功业,是由于有伟大的志向;完成伟大的功业,在于辛勤不懈地工作。该句为二元结构的表达方式,其中的"功"和"业","崇"和"广","志"和"勤"是三组同义词,本可使用一句就能道明所要表达的意思,却分为两个互相对应、衬映或互相补充的成分,以渲染气氛达到强调的效果;而英文多用一元结构的表达方式,本可分成两个句子的,也往往合成一个语法上有主有次、逻辑上层次分明的句子。根据英汉这一传统语言思维差异,通过"提取公因式"与"合并同类项"的方法,把两个形式上并列的句子合二为一:"功"和"业"译为 achievement,"崇"和"广"译为 great,"志"和"勤"译为 commitment and dedication。无论在文学文本还是在政论文本的汉英互译中,这种语言思维模式转换都比较常见。

例 29 落实党员知情权、参与权、选举权、监督权。Ensure that Party members have the right to stay informed of, participate in and oversee Party

operations and to vote in election in the Party.

"权"在句中重复四次，根据英文忌讳重复的习惯，采取"提取公因式"方法翻译一次。原文省略了"知情、参与"的具体内容，翻译英文时予以补充(Party operations)；"落实"在此处根据语境搭配理解为"确保"，译成 ensure 即可。

例 30　加大统筹城乡发展力度。We should better balance urban and rural development.

汉语"加大统筹城乡发展……力度"是一种固定搭配，充分体现中文多用动词及动词性成分的"动态表述"特点，翻译成英语时，不必对所有动词逐一翻译，而应弱化动词的动态性质或转用名词表达其实质意义。这里动宾词组"统筹城乡发展"中的"统筹"，其实质是使之合理、平衡，用 balance 来翻译，而动词"加大"则用副词 well 的比较级 better 来翻译，是直接进入实质性的语义翻译。另外，中文"力度"是搭配的需要，在此处没实际意义，必须省译，况且英语名词 development 的意义可伸缩延展，包含力度的意思。

例 31　绝不允许以言代法、以权压法、徇私枉法。No one in a position of power is allowed in any way to take his own words as the law, place his own authority above the law or abuse the law.

句中"允许"的对象实际上涉及人，在中文里默认而省略，但英文须直接说出来，即"那些有权的人"(anyone who is in a position of power)。这是由英文注重表层语法形式和中文重视语义结构的差异决定的。

例 32　我们一定要始终与人民心心相印、与人民同甘共苦、与人民团结奋斗，夙夜在公，勤勉工作，努力向历史、向人民交一份合格的答卷。We must always be of the same mind with the people and share the same destiny with them, and we must work together with them and diligently for the public good so as to live up to the expectations of both history and the people.

句中"人民"连续使用，译成英文时要考虑英文习惯不重复，使用代词 them 指代连续出现的"人民"。继"人民"之后出现多个四字结构，表达的意思大致相同，原译文通过"合并同类项"和"提取公因式"的方式去除不必要的重复，句子结构为英文所习惯的有主有次的一元结构组织。

例 33　坚持一切从实际出发。We should base ourselves on reality in everything we do.

句中“一切”的隐含意义是“所做的一切事情”，如将“一切”直接翻译为 everything，就不能体现“出发”所包含的具体做事的目的，因此应该增译为 everything we do。另外，“实际”就是“实际情况”，而英语的 reality 作为一个意义可延展的范畴词，可以理解为“现实情况”或“实际情况”，正好与中文对应。“从……出发”译为 base ourselves on，因为“从……出发”和“以……为基点”相通。

例 34　切实做到纪律面前人人平等、遵守纪律没有特权、执行纪律没有例外。We must ensure that everyone is equal before discipline, that nobody has the privilege of not observing it and that no exception should be made in its enforcement.

由于英语少重复多替代，句中出现的三个“纪律”只需要翻译一次，而且由于它实际上可以作为话题和重点，所以最好用作句子主语；“切实做到”体现了汉语思维对动词使用的具体化要求，而英语思维则不强调这种具体化，所以使用 ensure 足以表达原文中“切实做到”的意思；中国当代普通人对“特权”一词有负面理解，而其英文对应的 privilege 并非贬义词，所以翻译时需要在 observing 前加否定的 not，但这样表述不够直接，不足以显示原文的严肃性，建议使用 privilege of immunities 这个词组。

建议整句改译为：We must ensure that discipline is equally binding on everyone, observed without privilege of immunities and enforced without any exception.

例 35　认同一个中国。Recognize the one China principle.

“一个中国”既是一个不可否定的历史事实，又是目前实行中国统一、与世界其他国家建立外交关系的一个重要原则。因此在翻译时要把原文因中文“意会”特点而省略了的“事实”或“原则”补充出来，即补充 principle。

例 36　培育自尊自信、理性平和、积极向上的社会心态。Cultivate self-respect, self-confidence, a sense of being rational, composure, and a desire to excel oneself among the people.

句中“心态”是个泛化的词组，因为“心态”对个人而言是合适的，对整个社会来说就显得勉强，所以在此处它是具体心态，如自尊自信、理性平和、积极向上等的概括性体现，所以没有必要翻译。“积极向上”的隐含意思是在一个群体里有突出表现，所以应增译为 desire to excel oneself among the people，把原句的隐含意思充分展示出来，但和原文意思稍有出入。

建议整句改译为：Cultivate a social ambience of self-respect, self-confidence, composed rationality, and upward progress.

例 37 改革进入了深水区，但再深的水我们也得蹚。In pursuing reform, we have entered uncharted (deep) waters. But we must wade through these waters no matter how deep they are.

句中“深水区”指中国改革中会触动人们既得利益的领域。“深水区”是一个在不同文化背景下都应该能够理解的比喻，所以可以直接转换。然而，应该考虑到“深浅”只是相对的概念，此处用这个词还有一层更重要的意思，即“深浅未知”，有一定风险。所以，使用 uncharted water 应该更加准确。另外，从英文追求简洁的原则来看，第二个 water 可以省略。

建议本例的第二句改译为：But we must wade through regardless of their depth.

例 38 中华文化走出去。Take Chinese culture to the global stage.

句中“中华文化”当然不会自己“走出去”，这句话的实际含义是“中国人想方设法地让中国文化传播到世界其他国家上去”，原文省略了“让”，英译时就要把其实际含义表述清楚，添加 take...to 或 take...out to 就很自然了，但如果没有介词宾语，随意的口语性感觉很强，语言节奏不好，所以后面添加了使意思更明确并使语言更有节奏感的 the global stage。

例 39 全党都要关注青年、关心青年、关爱青年，倾听青年心声，鼓励青年成长，支持青年创业。The whole Party should care about young people, learn about what they have in mind, encourage their growth and support them in pursuing careers in an entrepreneurial spirit.

句中重复使用“青年”这个名词，且“关注、关心、关爱”这三个动词意思雷同，根据“合并同类项、提取公因式”的方法，将重复出现的“青年”只译成

young people，三个“关”字词组综合译为 care about，并且不重复，这符合从中文注重动词具体性和不厌重复的习惯到英文强调集约、简洁的习惯的转变。

例 40 丝毫不敢懈怠，丝毫不敢马虎。We must not slacken our efforts or be negligent of duty in the slightest way.

原文两句话的整体意思是一样的，连续使用“丝毫”以示强调；而英文则尽量避免重复，所以一次性翻译“丝毫”。但“懈怠”与“马虎”意思有所差异，所以应逐一表达并添加 efforts 和 duty，从而使意思完整。

例 41 加强党内监督、民主监督、法律监督、舆论监督，让人民监督权力，让权力在阳光下运行。Tighten intra-Party，democratic and legal oversight as well as oversight through public opinion to ensure that the people oversee the exercise of power and that power is exercised in a transparent manner.

句中不断重复“监督”二字，在此显示说话人的决心，以加强语气。但在英译时，应该采取“提取公因式”的方法归纳综合，根据语义搭配的恰当性，尽量减少不必要的重复，原译文使用两个 oversight 及一个 oversee 翻译句中的五个“监督”。

例 42 坚持以经济建设为中心，以科学发展为主题。Take economic development as the central task and pursuing development in a scientific way as the underlying guideline.

句中“坚持”很笼统、抽象，为了简洁，此处省略不译。另外，此处的“科学发展”说的不是科学领域内的自然而然的、客观上的进展，而是以人的努力为出发点的发展，所以“科学发展”不能译成 scientific development，而是直接转换为 development in a scientific way，以排除歧义。句中“中心”不能翻译为 center，因为 center 与该句整体话语的意义联系不紧密。为了突出“中心”的作用或实际意义（“以……为枢纽”，以点带面全面发展）及与整体话语的意义联系，原译文将“中心”翻译成 central task。

例 43 司法公信力应不断提高。Judicial credibility should be steadily enhanced.

“公信力”，从字面上来解释就是公共信服力，具体是指政府的行为、政策等在公众群体社会中的影响力和取信于公众的程度，和政府的形象、说服

力、手段等政策性行为相关联,是政府执政能力高低的最明显的判断标准之一。“公信力”英译时使用 credibility 而不是 credit,是因为 credibility 作为范畴类的名词有意思上的可延展性,更明确地指向一个“度”的问题,这个“度”包含在“力”的意思里,credibility 与 judicial 相连其隐含的逻辑主体词不言自明,其中的“公”字是可以根据语境默认的,因而不需要用 public 来翻译。用 steadily 而不是 continuously 翻译“不断”,是因为 steadily 更全面、周到,隐含着“不受影响,不忽上忽下”的意味,在其他正式文体中“不断”也常常被译为 steadily,在口语中则经常用 all the way/all along。

例 44 加快形成源头治理、动态管理、应急处置相结合的社会管理。We should quicken the pace of building a social management mechanism which resolves public complaints at the source, exercises dynamic administration, and responds to emergencies.

如把“形成……管理”直接翻译出来,英语就讲不通,必须把“社会管理”的隐含内容“社会管理机制”补充出来。句中,前面三个四字结构是这种管理机制的具体说明,所以用从句来处理。另外,“相结合”在此处并非是“掺和”“糅合”“联合”的意思,而是强调三项并举的一种方式,因此没有必要翻译。其中“加快”的表述方式除了 quicken the pace 之外还有很多,比如:speed up, move faster to, accelerate, at a quicker pace, take more speedy steps, act more quickly to 等。这里建议采用较正式的词语 accelerate。

例 45 社会生产力、经济实力、科技实力迈上一个大台阶,人民生活水平、居民收入水平、社会保障水平迈上一个大台阶,综合国力、国际竞争力、国际影响力迈上一个大台阶。Its productive forces and economic, scientific and technological strength have increased considerably, the people's living standards, individual income and social security have improved significantly, and its overall national strength and international competitiveness and influence have been enhanced substantially.

原文出现三个“迈上一个大台阶”,有增强语气的作用,但汉译英应该尽量避免词语重复。基于这一原则,原译文也可以合并翻译以达到精简集约的效果。

建议整句改译为：We have taken a great leap forward in enhancing the productive forces and economic, scientific and technological strength, in raising the people's living standards, individual income, social security and in increasing overall national strength and international competitiveness and influence.

例 46 治大国如烹小鲜。Governing a big country is as delicate as frying a small fish.

原文实际上有所省略，即“如烹小鲜那样细心、精巧”，其实际意思为“不是那样容易”。汉语有意会习惯，而英语重视具体实在意义的直接表达，所以需要添加 delicate 一词，delicate 不仅有“细心”而且有“精巧”的含义。

例 47 以党的基层组织建设带动其他各类基层组织的建设。Ensure that efforts to strengthen community-level Party organizations will also spur the development of all other community-level organizations.

句中“建设”本身不能“带动”，是人通过“建设”的努力而带动，这说明具有意合特点的汉语在看似完整的话语中可能有省略的成分，省略的按照中文思维可以“意会”。英语不是“意会”的语言，所以补充 efforts 这个词。根据英文尽量避免不必要重复的习惯，“各类基层组织”的译文最好不与前面“党的基层组织”的译文雷同，改用代称。

建议整句改译为：Ensure that efforts to strengthen community-level Party organizations will also spur the development of all other organizations of the same level.

例 48 增强国有经济活力、控制力和影响力。Enhance the vitality of the state-owned sector of the economy and its capacity to leverage and influence the economy.

句中“国有经济”容易被误译为 state-owned economy，但此处的“国有经济”只是国民经济的一个组成部分（sector），只能用 state-owned sector of the economy 来表达。另外，英文一般都尽量减少词语重复，建议省略原译文的第一个 economy，把它添加到末尾。“控制力和影响力”译为 capacity to leverage and influence the economy 也是变通的策略，用 leverage 而不是 control 的目的，是体现国家对经济的控制是通过市场规律的“杠杆（lever）”实现的，

从而促进了市场的变化，而不是采取政府直接干预的形式，从而体现了国家的政策。

建议整句改译为：Enhance the vitality of the state-owned sector and its capacity to leverage and influence the economy as a whole.

例 49　人类只有一个地球，各国共处一个世界。Mankind has only one earth to live on, and countries have only one world to share.

原文两个句子的意思雷同，根据英文简洁要求，同类结构词语应省译，即省略原译文的第二个动词 have，同时把"各国"所包含的"所有的"意思翻译出来。另外，"共处"不译为 coexist 是由中英文对语境依赖程度不同和搭配需要决定的。

建议整句改译为：Mankind has only one earth to live on, and all countries only one world to share.

例 50　扩大同各方利益的汇合点。We should expand common interests with all others.

从整体上看，"各方利益的汇合点"中所谓的"点"就是"利益"，如果直接翻译为 expand the convergent point of interests with/of all parties，虽然可以理解，但显得不够干练、简洁。如原译文释义地译为 common interests 合适，因释义的原则是整体理解把握，不受原文具体字词的影响，这一原则在会议交传中尤其重要，可以大大降低译员逐字逐词翻译所需要记忆、转化的脑力工作负担，同时符合简洁、干练的文体风格。

例 51　实现国内生产总值和城乡居民人均收入比 2010 年翻一番。We should double China's 2010 GDP and per capita income for both urban and rural residents.

该句是个隐含的"实现……的目标"句子结构，如按照隐含结构解释性翻译，对先行词"目标"进行具体说明，译文就显得比较烦琐、冗长。直接使用 double 做动词来表述就是"开门见山，单刀直入"，避免了这种麻烦，而且符合英文思维"直接"就事论事的习惯，风格也更加简洁明快。

例 52　形成人与自然和谐发展现代化建设新格局。Promote modernization featuring harmonious development between man and nature.

“形成……格局”中的“格局”，只是为了与“形成”搭配并造成一种正式、严谨的语言格调，很虚化，省略不翻译，因为“现代化(modernization)”本身也可以理解成一种格局。该句的实际含义是人追求的终极目标，需要人的努力促使形成，而不是客观上自然形成，翻译时直接添加 promote 就能把握这个意思。

例 53 城乡区域发展协调互动。Coordinated and mutually reinforcing urban-rural development.

句中“城乡区域”后省略了“之间”，汉语读者一看就明了，该词如被翻译为 between urban and rural areas 显得句子冗长，从英语重视简洁的特点出发，用 mutually 表述，就把“之间”的意思包括在内，再用 urban-rural development 补充，就更加简洁、干脆地表达了原句意思。“协调互动”在此处是一种我们希望出现的客观状态，所以用 coordinated and mutually reinforcing 来表达。

例 54 高度警惕和坚决防范敌对势力的分裂、渗透、颠覆活动。Keep high vigilance against and resolutely forestall separatist activities and activities of infiltration and subversion carried out by hostile forces.

句中“活动”本来就出现一次，而译文 separatist activities and activities of infiltration and subversion 中连续使用两个 activities 显然啰唆。

建议本例的后半句改译为:hostile forces’ activities of separation, infiltration, and subversion.

例 55 实践发展永无止境，解放思想永无止境，改革开放永无止境。There will never be an end to practice, to emancipation of the mind, and to reform and opening up.

句中重复出现的“永无止境”，英译时要根据英文集约表达习惯做“提取公因式、合并同类项”处理，一次性译为 there will never be an end，不重复翻译。

例 56 教育是民族振兴和社会进步的基石。要坚持教育优先发展，全面贯彻党的教育方针，坚持教育为社会主义现代化建设服务、为人民服务，把立德树人作为教育的根本任务。Education is the cornerstone of national renewal and social progress. We must give high priority to developing education, implement the Party's education policy to the letter, ensure that education serves socialist modernization and the people, take fostering integrity and promoting rounded development of people as the fundamental task of education.

中文的词语重复比较多见，除了强调主题外，还有加强语气和语篇衔接的作用，而英文是重语法、主语突出的语言，有语法上的各种衔接手段，所以一般情况下能不重复词语就不重复。原译文中重复了“教育(education)”多次，应减少重复，可用代词替代。

建议整句改译为：Education is the cornerstone of national renewal and social progress. We must give high priority to its development, implement the Party's relevant policy to the letter, ensure that it serves socialist modernization and the people, and take fostering integrity and promoting rounded development of people as the fundamental task.

例 57　优化行政层级和行政区划设置。We should improve the structure of administrative setup and geographical administrative divisions.

原句实际上要优化的并不是“层级”本身，而是其中的关系设置，即其中的内部结构。“层级”的英文词典释义有好几个，如 hierarchy, layers, levels 等，但它们都不宜用来翻译此处的“层级”，如其中 hierarchy 是指等级制度，有一定的贬义联想；layers 指物理或物质方面，不包括其中的关系和结构；levels 虽然有不同层次的含义，但主要涉及不同的“水准”，也不涉及其中的关系和结构。“区划”不用其字典释义做字面翻译，因为“行政区划”是按照地理范围来划分的，应该添加 geographical 这个词。

建议整句改译为：We should improve the structure and geographical divisions of administrative setup.

例 58　严守法规和标准，用最严格的监管、最严厉的处罚、最严肃的问责，坚决治理餐桌上的污染，切实保障“舌尖上的安全”。We will strictly follow laws and regulations and comply with standards, and apply the strictest possible oversight, punishment and accountability to prevent and control food contamination and ensure that every bite of food we eat is safe.

句中“最严格”“最严厉”“最严肃”的意思雷同，体现汉语对语言的节奏和“音美”的传统追求，翻译为英文时，只对意义表达进行准确性的把握，原译文中采取合并的手法，对语义上可以理解为重复的项目予以省略，原译文只使用一个 the strictest possible，不过，改译为 the possibly strictest 更符合英文习惯。

例 59 加紧完成机械化和信息化建设双重历史任务。Intensify efforts to accomplish the dual historic task of military mechanization and full IT application.

句中“信息化”翻译为 full IT application，添加 full 一词是考虑到实际上这种“信息化”已经开始，信息技术已经在应用中，所以应该理解为“进一步信息化”或“完善的信息化”，而不是开始应用信息化技术。如果不添加就很容易被误解。

例 60 严格控制机构编制，减少领导职数，降低行政成本。Strictly control the size of government bodies，cut the numbers of their leading officials，and reduce their administrative costs.

与“机构”一词相对应的英文有 institution，organization，agency，mechanism 等，但实际使用中各有其具体的含义或角度，这里使用 body，是因为它与“编制”或人数多少有关，而并不涉及内部构建或组织（institution，organization），也不涉及其内部运行的机制（mechanism）或相对更大的组织机构（agency）。另外，句中“减少”与“降低”实际意义重复，建议用一个动词短语（如 cut down）翻译即可。

建议整句改译为：Strictly cut down the size of government bodies，the numbers of their leading officials and their administrative costs.

例 61 形成保护环境的空间格局。Maintain adequate land space to protect the environment.

句中“形成……格局”是一个“拔高性”的中文表述形式，内容具有“虚化”的特点，根据英文“就实避虚”的习惯，翻译表述应该落到实处，所以做变通性处理，去掉框架结构，用 adequate land space 译出其明确的实际意义。

例 62 坚持实干富民、实干兴邦。We should endeavor to bring prosperity to the people and promote national renewal.

句中四字结构“实干富民”“实干兴邦”富有节奏感，符合中文强调语言节奏性的传统习惯，但译为英文则不必考虑音节工整对应，也无须重复。用一个 endeavor 翻译“实干”即可表达其中的意思。

例 63　提高师德水平和业务能力，增强教师教书育人的荣耀感和责任感。Enhance work ethics and professional competence of teachers and their sense of honor and responsibility.

句中“提高”和“增强”意思相同，合二为一，用一个 enhance 翻译；“师”在原文中出现两次，英文应该尽量从意义的归纳上考虑做集约性处理，所以使用了 teachers and their…。“师德”的实际含义是教师这个行业的道德行为标准，其中的“德”不能理解为人品方面的 virtue，因为这里是对行业/职业而言的，原译文中 work 似无必要。

建议整句改译为：Enhance teachers’ professional ethic, competence, and their sense of honor and responsibility.

例 64　实践发展永无止境，认识真理永无止境，理论创新永无止境。There is no end to practice, to seeking truth, or to making theoretical innovation.

“永无止境”在句中出现三次，在汉译英时，往往需要省略中文中重复出现的词语，化零为整，用 there is no end…翻译一次即可。这个翻译实例反映英汉语言思维习惯的差异，汉语强调修辞和语言节律，而英语强调语法集约、用词集约、概括。

例 65　办好学前教育，均衡发展九年义务教育，基本普及高中阶段教育，加快发展现代职业教育，推动高等教育内涵式发展。We should develop preschool education, promote balanced development of nine-year compulsory education, make senior secondary education basically universal, accelerate development of modern vocational education, and bring out the full potential for development of higher education.

原译文对句中重复出现的“教育”也重复翻译了，不符合英文尽量减少词语重复的特点。

建议整句改译为：We should develop education well from the preschool, promote its balanced development during the nine-year compulsory period, make the senior secondary period basically universal, accelerate its modern vocational progress, and bring out the full potential of its tertiary advancement.

例66 生活总是充满希望的，成功总是属于积极进取、不懈追求的人们。Life is full of hope. And success belongs only to those who forge ahead and never give up.

根据语境判断，句中“总是”可以予以默认，翻译时可省略。连续使用的三个四字结构反映了中文对文字音律节奏的重视。另外，“积极进取”可以综合表述其精神实质，“不懈追求”中的“追求”可以不翻译，因为“不懈”必然是对自己所追求的事物而言的。

例67 党要管党、从严治党。The Party should supervise its own conduct and run itself with strict discipline.

英文不倾向通过词语重复加强语言修辞效果或音乐性、节奏性，倾向用替代性词语或代词避免重复；而中文传统思维倾向于重复，有通过重复制造语言音乐效果的传统思维习惯。句中“党”使用三次，英译时，需要按照英文思维习惯避免重复，并同时补充中文中可以意会但英文中需要具体化、实在化的内容，即党要监管自己的行为，要用严格的纪律约束自己。否则的话，译文意思就比较模糊，不能体现句中须意会的东西。

例68 敢于开拓、勇于担当，多干让人民满意的好事实事。Be eager to blaze trails and live up to our responsibility, and deliver more concrete services to the satisfaction of the people.

句中“敢于”“勇于”是两个意义重复的词语，反映中文传统思维倾向于“二元结构，一分为二”的特点。译为英文需要根据其“一元结构，合二为一”的倾向予以整合。不过，从英文语义搭配的需要来看，如果使用 be courageous to 或 be bold enough to 则需要搭配 challenge, risk 这种相应的词语，由于这里只是“工作”或“责任”，所以采取变通方式用 be eager to 来表述。“好事实事”也和前面八个字一样形成了中文所追求的明显节奏感，不用翻译出来，因为令人满意的 services 本来就是好事，再翻译就显得啰唆，不符合英语习惯，所以只要用 concrete 修饰即可。

第五章 汉语的形象具体与英语的抽象概括

英汉对比研究表明,传统的英语思维常用比较抽象概括的概念表达具体形象的事物,比较重视抽象思维的运用,具有较强的抽象性。而汉语思维则更习惯于运用形象的方法表达抽象的概念,不太重视纯粹意义的抽象思维,具有较强的形象性和具体性。这是因为英汉民族文化背景不同,语言产生、发展和演变的土壤也不同,英汉文字的演变和发展历史反映东西方民族形象思维和抽象思维的差异。

中国古代哲学讲求"观物取象",即取万物之象,加工成为象征意义的符号来反映、认识客观事物的规律。受此影响的汉语语言思维,是一种具象思维,表达倾向于具体,常常以实的形式表达虚的概念,以具体的形象表达抽象的内容。

中国文字是会意文字,最初是原始图画,后来由图画形式改为线条即成为象形文字,凸现简单的物象,有较强的直观性,如日、月、水、云、雨等文字(见下图)。

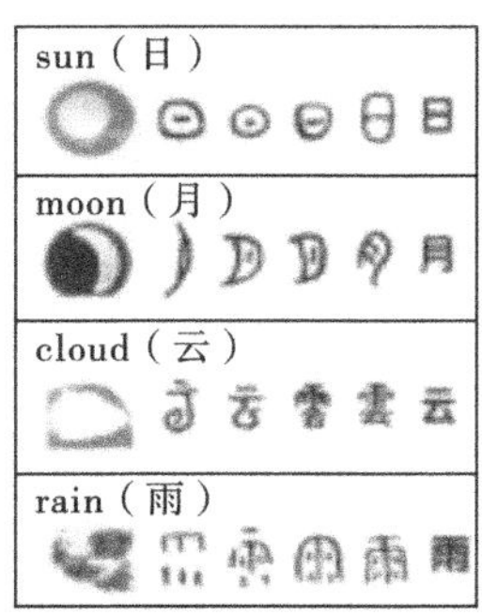

汉语词语的直观性也很强,如“左右”(left and right,about)、“十字路口”(crossroads)、“上下”(up and down,about)等,都有鲜明生动的形象。中文字的演变造就汉语运用具体形象表达抽象的概念,很少对事物进行概括性的表达的这一特点,并通过在语言中大量使用动词(verbs)、形容词(adjectives)、形象化词语(image-carrying phrases),以及与时序同步的句子及语段组织结构等体现出来。

英语包含一种执着于知性、理性的精神,表达倾向于抽象,常使用抽象表达法。英语由于使用大量的抽象名词,用来表达复杂的思想和微妙的情绪,往往有一种“虚”“泛”“暗”“曲”“隐”的感觉,英语的名词化导致表达的抽象化,即英语常用比较抽象概括的概念表达具体形象的事物,比较重视抽象思维的运用,具有较强的概括性。英语大量地使用抽象的名词化词组(abstract noun phrases formed through nominalization)、介词(prepositions),以及词义较虚的动词(“empty”verbs)等使表达方式抽象化。

英汉两种语言的这种抽象与具体的思维差异在语篇(话语)中针对具体性或抽象性也有不同的表现,英语常用概括性词语表达,即用抽象概念表达具体的事物;而汉语则倾向于用形象的比喻和具体描写表达,即习惯于运用形象的方法表达抽象的概念。由于英语抽象化和汉语具体化认知倾向的差异,英汉语言对表达具体性和抽象性的事物有不同的倾向,即英语倾向于使用抽象的表达方式,而汉语倾向于使用具体的表达方式。

所以,译者既要了解传统语言思维差异造成的一般规律性变化,也要理解和接受特定情况下各种不规律甚至反常规的变化。本章从汉语政论文中遴选了一些具体的例子进行解释、评注,说明英汉语言表达抽象与具体的规律及其特殊情况下的相反变化,希望对译者进行翻译提供一些参考。

例1 我们要重视沿海和内地的贫富差距问题。We must pay close attention to the gap between coastal and inland areas.

句中“问题”和“差距”组合在一起,对于汉语读者来说,很符合语言习惯。但英语读者的理解是,既然有“差距”,就存在“问题”,无须赘述。因此翻译“差距问题”要进行抽象化处理,直接译为 gap 就很符合英语习惯。汉语中类似的词语还有现象、事件、任务、情况、态度、作风、作用、活动、局面、因素、心理、态度、状况等,这些均可做抽象化处理。

例2　宏观调控体系 system of macro-regulation and control

"宏观调控"为经济学家约翰·梅纳德·凯恩斯所提出,是国家综合运用各种手段对国民经济进行的一种调节与控制,是保证社会再生产协调发展的必要条件,是国家管理经济的重要职能。原译文将"调"和"控"分别译成 regulation 和 control 完全没必要,只用 regulation 即可,不必顾虑官方英文翻译经常同时使用 regulation 和 control 两个词的情况,因为 regulation 本身不仅有"调节"的意思,也有"控制"的意思,具有一定概括或抽象意义,具有可延展、伸缩解释的特点,英语名词词尾-tion 表明它的意思具有范畴的特点。这个具体的翻译实例说明,性质、状态等在汉语中置于词尾的属性、范畴性词语一般都可以不译,只要找到对应的英语名词即可。

建议整个词组改译为:system of macro-regulation

例3　信息化水平应大幅度提升。IT application should be significantly expanded.

英语名词的意义多具"可伸缩""可延展"的特点,句中的"水平"很抽象、泛化,具有较高的概括性,不必翻译。英语很多明确带有名词化词尾的词(如-tion/sion,-ty,-ness),其意义实际上并不确定,英译中时常常可以根据具体使用中的搭配在翻译中加字,而汉译英时则做相反处理:把可能用英语词尾概括的意思(如"性/性质""特点""状态""水平"等)用英语中带有抽象、概括意思的词语来表达。另外,"大幅度"中的"大"实际上是一个模糊的表达方式,难以(或不必)具体衡量,用 significantly 表述意思反而显得清楚、确定。类似的词语转换还有 considerable/considerably,如轰炸的速度明显慢了下来(The rate of bombing has slowed considerably)。

例4　我们必须与腐败和各种不公平现象做斗争。We must fight against corruption and injustice.

句中"腐败"和"不公平"是比较具体的词语,紧跟其后的词语"现象"很泛化,无须赘述,省去不翻译,直接用抽象的词语 corruption 和 injustice 表达,显得译文干脆利落,符合英语语言习惯。

例5　减政放权 streamline administration and delegate more power to lower levels

“减政放权”指精简政府机构，把经营管理权下放给企业，是中国在经济体制改革开始阶段，针对高度集中的计划经济体制下政企职责不分、政府直接经营管理企业的状况，为增强企业活力，扩大企业经营自主权而采取的改革措施。“减政”不是减行政事务而是指行政机构要瘦身，“减政”不可直译，是因为客观的行政事务不能做主观的加减，故而使用 streamline 这个词来表述更优化；“政”在意义上有概括抽象与具体的区分，此处的“政”是具体的“行政管理”，所以使用 administration 而不是 government 来翻译。“放权”实际上含有授权给下级的意思，所以使用 delegate，其英语释义是 to authorize and send (another person) as one's representative 或 to commit or entrust to another 等，如果翻译成 release 就不能表达其中上级对下级的意思。

例 6 所有这些彰显了中国特色社会主义的巨大优越性和强大生命力。All this shows the superiority and vitality of socialism with Chinese characteristics.

句中“巨大”没有必要再翻译，因为英语名词 superiority 表示最高程度，已经涉及明确的方向和程度取向，具有概括意义。原译文中的动词 shows 也可以采用静态的表达法 is evident of(或 serves as evidence of)。

建议整句改译为：All this serves as evidence of the superiority and vitality of socialism with Chinese characteristics.

例 7 保证各种所有制经济平等使用生产要素。Ensure that economic entities under all forms of ownership have equal access to factors of production.

“经济”是一个比较抽象概括的词，但在此处实际上包含“经济实体”的意思，所以用具体的词组 economic entities 来翻译。“所有制(ownership)”不是具体的、可数的，一般都不变为复数形式；“各种所有制”其实指“各种所有制形式”，必须具体化处理，用 all forms of ownership 才明确清楚。

例 8 坚持男女平等基本国策。We should adhere to the basic state policy of gender equality.

“男女”是具体词汇，用概括词汇 gender 翻译更简练，体现了从中文到英文的一个重要转换，即意义相对且形象具体的两字词或四字词转化为概括

和抽象的一个英文单词。这样具体到抽象的转换在汉英翻译中有大量的实例:大小—size, dimension, area, volume…;春夏秋冬—seasons;高低—height, level, altitude…;长短—length, duration…;快慢—speed;矛盾—contradiction;是非曲直—merit;多少—quantity, amount, number…;严寒酷暑—weather;等等。同样,英语里的抽象词汇被翻译成汉语时,可加范畴词使之具体化,是汉语常用的特指手段,如 attractions—观光场所;evaporation—蒸发作用;jealous—嫉妒心理;loftiness—崇高品质;fault-finding—吹毛求疵的做法;light-heartedness—轻松愉快的心境;allergy—过敏反应;dejection—沮丧情绪;等等。

例9　教育引导党员干部牢固树立正确的世界观、权力观、事业观,坚定政治立场,明辨大是大非。We should make its members and officials develop a firm and correct worldview and a firm and correct attitude toward power and career, take a committed political stand and become better able to tell right from wrong on major issues of principle.

句中"教育引导"和"树立""坚定""明辨"都是具体化的动词,分别用概括性的英语动词 make…develop 和 take a committed…stand, tell 翻译,显示英语不追求其意义的具体或生动,这是与汉语语言思维的主要差别之一。

例10　一线工人、农民、知识分子 workers, farmers and intellectuals working in the forefront of various fields of endeavor

该例中的"一线"一词概括性很强,翻译时在 working in the forefront 后面解释性地添加 of various fields of endeavor 之后,译文就显得更加具体、明确、完整(指在其从事的各行各业的工作中)。值得注意的是,worker 在英语国家(尤其是西方)的实际意思比"工人"更加宽泛,可以指 anyone who works。虽然由于一些社会主义国家长期使用 workers 来表示"一线工人",西方有些读者也能理解,但在此处最好翻译为 industrial workers。

建议整个词组改译为:industrial workers, farmers and intellectuals working in the forefront of various fields of endeavor

例11　弱肉强食不是人类共存之道,穷兵黩武无法带来美好的世界。The law of the jungle will not lead to coexistence in the human society, and arbitrary use of force cannot make the world a better place.

句中四字结构“弱肉强食”和“穷兵黩武”具有音乐节奏感，而且反映了中文倾向于用具体、形象、生动的方式表述较抽象的理念的习惯。“弱肉强食”的译文 law of the jungle，虽然也是一种形象比喻，但概括性很强，而 arbitrary use of force 则更是如此，原译文很好地将具体、生动的中文转换为抽象、概括的英文。另外，“美好的世界”中的“美好”总是相对而言的，所以使用 better 一词。

例 12 完善党务公开、政务公开、司法公开和各领域办事公开制度。Increase transparency of Party, government and judicial operations and government operations in other fields.

句中连用四个“公开”，体现汉语倾向重复的特点，英译时，不需要重复翻译，用 transparency 概括翻译即可，因为“公开”的实际语用意义是“公开透明”的，“透明”也是对“公开”的意思做具体化的表达。“司法公开”中的“司法”看似抽象具体，在这应该是司法方面的具体事务，所以添加 operations/acts；另外“办事”不可照字面译为 handling/dispose business，原因是注重精准概括的英语词汇 operations 充分表达了倾向于用词具体、形象的中文词汇“办事”的意思。

例 13 弘扬真善美，贬斥假恶丑。Exalt the true, the good and the beautiful and reject the false, the evil, and the ugly.

句中“弘扬”看似一个很抽象的大词，其实隐含有“赞誉”之意，即是“鼓励”“张扬”的具体做法，译为 exalt 较合适，当然，“弘扬”根据不同情况也可以采用 advocate, encourage, extend 或 uphold 等来翻译。同样，“真善美”“假恶丑”看似抽象，其实指具体的人、事、行为，虽然都可以用名词来翻译，但名词表达的意义还是较抽象，用 the+adjective 的形式则去抽象化，能充分体现其隐含的具体意义，更加具体明确。

例 14 坚持五湖四海、任人唯贤，坚持德才兼备、以德为先。We should appoint officials on their merits without regard to their origins, select officials on the basis of both their moral integrity and their professional competence with priority given to the former.

句中“五湖四海”“任人唯贤”“德才兼备”“以德为先”均为汉语中比较固定的四字词组，具有较强的语言音乐节奏，翻译时应该对其意义进行归纳，概括其本质意思，提取共同成分并根据英文有主有次的一元化结构（hypotactic structure）进行重新整理，而不能拘泥于逐字翻译。译文连续使用appoint和select两个动词似无必要，可删除其中一个。

建议整句改译为：We should appoint officials on their merits without regard to their origins, on the basis of both their moral integrity and their professional competence with priority given to the former.

例15 根据事情本身的是非曲直决定自己的立场和政策。Decide our position and policy on an issue according to its own merit.

句中“是非曲直”一词反映汉语重视具体、形象和生动，重视二元结构、二元相对和语言音乐性的特点，翻译成英文时须遵循英文思维的特点：重视精确概括与逻辑归纳，重视一元结构的整合，而不随时强调语言音乐性。用概括性词语merit翻译具体化词汇“是非曲直”十分恰当。

例16 抢占科技发展战略制高点。Obtain the leading strategic position in research and development.

句中“抢占……制高点”是军事术语，意思是强占；抢先据有，抢在敌人前面占领有利地形或重要地点的作战行动。英译时不必保留其军事意义，只要翻译实际意义即可。如果非要按字面意思直接翻译为seize by anticipation也未尝不可，但英语表达注重实意和用结果概括过程，而汉语思维强调修辞和动词意义的具体性与形象性，用obtain翻译“抢占”及用position简单翻译“制高点”，也是基于同样的道理。

例17 保证中央政令畅通，决不允许“上有政策，下有对策”，决不允许有令不行，有禁不止。We must ensure that the decisions of the Central Committee are carried out effectively; and we will never allow anyone to take countermeasures against them or disregard them.

句中“上有政策，下有对策”和“有令不行，有禁不止”都是用具体表示一般的意义，表示同一个意思“不执行”，翻译时不需要逐词翻译，由于英文注重概念的精准概括，用概括其精神的take countermeasures against them or disregard them 表述即可。不能用 smoothly 翻译“畅通”，因为“畅通”只是形式上的表现，实质意思是“有效执行下去”，所以，用 effectively 翻译才能把句子的实质意思表述出来。

例 18 团结就是大局，团结就是力量。Unity is what is needed to advance our common cause, and it is unity that gives us strength.

句中“大局”高度凝练、概括，翻译时应该补充汉语因可以意会而省略的成分，使之具体化，即“涉及所有人利益的事业”的“大局”，用 our common cause 来表述“大局”。本译例很好地说明汉语译成英语时所做的具体和抽象之间的转换。

例 19 多难兴邦。Disasters can only spur our nation to grow in strength.

此处“多难”中的“难”表面上看是一个小词，但并不只等于“灾难”，直接翻译为 disasters 稍嫌语义过窄，建议使用意思更宽泛的词或添加词语。语言使用中有“小词大用”和“大词小用”的情况，该句的小词“难”大用，就应该用大词，如 misfortunes 或 bitter experiences 等。

建议整句改译为：Misfortunes can only spur our nation to grow in strength.

例 20 社会矛盾明显增多。Social problems have increased markedly.

句中“明显增多”，在汉语里实际上常常用作说明程度的词，“明显”并非是完全与“隐蔽”相对的意思，说明“矛盾”是具体的问题，是可以解决的问题。不用“矛盾”的词典释义 contradictions 来翻译，原因是 contradiction 指抽象意义上的对立状态，尤其是涉及言语、观点、意见等方面的自相矛盾；也不用 conflicts 来翻译“矛盾”，因为 conflicts 指有严重分歧，一般很难化解的矛盾。相比之下，译为 problems 最为恰当，因为有 problems 总是可以解决的。

例 21 提高利用外资综合优势和总体效益。We should make full use of our overall advantageous position in utilizing foreign capital and make better use of such investment.

从英文思维的角度来看，“提高总体效益”虽然完全合理，但“提高利用……”并不严格合乎逻辑，搭配并不恰当，理解成“提高……利用率”也没有必要，从字面上翻译“提高”为 improve 不恰当，必须从整体上采用释义性的灵活处理。另外如翻译“优势”为 advantages，比较抽象、笼统，就显得有些空泛，难以捉摸；表述为一种有利的 position（处境、定位）就体现其具体、实在的优势。如果需要强调“提高”并尽量综合表述，原译文有改进的余地。

建议整句改译为：We should make better use of foreign capital and our overall advantageous position in utilizing it.

例 22　产业结构不合理。The industrial structure is unbalanced.

句中“不合理”跟“产业结构”搭配，其实际语用意义是指具体操作上的不合理，实际上不是一个理性思辨问题，要译为具体的词汇 unbalanced，而不译为 irrational，因为 irrational 的汉语意思为“非理性”，很抽象，实际意思与理性思辨相关。这里是汉英翻译中根据搭配进行具体和抽象互相转换的一个例子。

例 23　提高医疗队伍服务能力，加强医德医风建设。Ensure that medical personnel provide better services, and improve their work ethics.

英文中没有借用军事用语的习惯，而汉语“队伍”一词是从修辞角度借用军事用语增强语言表现力度的手法，原意是指军队队型，行列（三人一队，五人成伍）。“队伍”是汉语政论文中的一个传统高频词，英译时应该进行变通。句中“队伍”的意思实际上是指（有组织的）专业人员，因此用 medical personnel 翻译“医疗队伍”可以传递原文的意思。“医德医风”是节奏感很强的四字结构，很具体，但根据英文强调集中、概括和客观、准确的特点进行缩合，用 work ethics 或 professional ethics 翻译比较准确。

例 24　注重人文关怀和心理疏导。Provide compassionate care and psychological counselling.

“人文”在句中都是大词小用，根据句子的语境应该理解为具体的人与人之间的互相关怀的意思，用 compassionate care 翻译“人文关怀”与句子语境和具体功能一致，因 compassionate 有“同情的”“有同情心的”的含义，表达人与人的情感，准确地表达了原文的意思。不能直译为 humanistic，是因为 humanistic 的意义比较笼统抽象，是相对于西方文化史上的思想流派而言的。另外，“注重”一词很抽象，其实句子的隐含意思是提供相应的关怀和疏导，直译为 pay attention to 仍然很抽象，可以翻译为：provide humanitarian/humane attention。原译文将“心理疏导”译为 psychological counselling，会被理解为心理医疗专业方面的内容。

建议整句改译为:Provide compassionate care and intellectual counseling.

例 25 加强防灾减灾体系建设,提高气象、地质、地震灾害防御能力。We should improve the system for preventing and mitigating natural disasters and become better able to respond to meteorological, geological and seismic disasters.

句中"能力"一词很抽象,在句子中不是针对个人而言的,是针对政府和国家而言的,在此处是抽象的 capability/ability 的具体化表现,很明确且有实际意义,指应对自然灾害的一系列措施及执行力,原译 better able 有口语化过强的感觉,建议不用。用 prevent 不恰当,因为自然灾害实际上并不会因为人的预防而避免。

建议整句改译为:We should improve the system for anticipating and mitigating natural disasters, and be more responsive to meteorological, geological and seismic disasters.

例 26 以全球视野谋划和推动创新。Take steps to promote innovation to catch up with global advances.

句中的"以全球视野……",其实表示应该用全球视野来做参照提出"推动创新"的标准,所以原译文用 to catch up with global advances,而没有直接用 from global perspectives 来翻译是合理的。另外,"谋划"很概括、抽象,在此处大词小用,实际意思是考虑采取具体的步骤,所以使用 take steps 来表述,从而使译文更具体更有针对性。这个例子充分说明,翻译常常需要用具体、直截了当和明确易懂的语言翻译最根本的意思,达到"透过表面看本质"的效果。

例 27 树立尊重自然、顺应自然、保护自然的生态文明理念。Raise our ecological awareness of the need to respect, accommodate to and protect nature.

"树立……理念"中的"树立"体现中文注重使用动词,凸显具体与形象性的传统,而英文的表意重点在名词,不在动词,即使使用动词,也常选取一般化、意义较广的词语,此处的"树立"译成一般化、意义较广的动词 raise 即可;句中"自然"出现三次,强调的意味很浓,但英语崇尚简练,译成英语时三合一,译为 nature 即可;"理念"在此处并非理性思考或抽象思辨的概念,而是指具体的“意识”或“认识”，不直译为抽象词汇 philosophy/idea 等，而要用具体词汇 awareness 翻译。

例 28　合理增加投资。Increase investment at a proper pace.

句中“合理”虽然含有理性的意思，但实际上并不强调理性的思维方式或思辨过程，而是指“按照适当的比率或速度增加”的“理性”具体做法，只有这样才能保证投资的增加是合理的和理性的。整句不译为 maintain rational increase of investment，是因为 rational 具有抽象的含义，而用 at a proper pace 来表述“理性”的意思，是英文强调具体、有针对性的一个体现。

例 29　深化行政审批制度改革。We should deepen the reform of the system concerning matters subject to government examination and approval.

句中“行政审批”被译为 government examination and approval 稍显死板，在力求简洁的原则下可以用 review（审读并提出意见）一个词做简单概括性表述，并非逐字翻译不可。“行政审批制度”的实际意思是“有关行政审批的制度”，所以添加词语 matters subject to 表明，但是，“审批”自然有明确对象，也可不必添加词语。

建议整句改译为：We should deepen the reform of (government's) administrative review system.

例 30　历经千辛万苦。Endure untold hardships and sufferings.

汉语四字结构“千辛万苦”翻译为 hardships and sufferings，是汉语译为英语时采取的综合整体策略，类似的汉语四字结构都用这样的英译策略，如土崩瓦解—disintegrated；千山万水—hills and dales；奇装异服—outlandish clothes；千家万户—all households/families；万家灯火—city lights；等等。英译中时则做相反处理，尽可能用细微描写、形象生动的形容词。此句的“千”“万”综合译为 untold 更有指向实质意义；“历经”不翻译为 experience，因为过于平淡，用 endure 翻译“历经”，其宾语的搭配反映出“承受、忍耐”的意思（语境意义）。

例 31　有序推进农业转移人口市民化。Conduct in an orderly way registration of rural migrant workers as permanent urban residents.

句中“市民化”这类带有“化”的词组一般具有概括性意义，只有“透过形式看本质”“抓住根本和关键”才能翻译准确。“市民化”的意思是改革开放后，生活在农村的一部分农民进入城市长期从事非农产业的社会现象。他们在文化、生活方式等方面融入城市，成为推动城市经济、文化、市政建设的动力之一。近年有的城市则规定在该市工作生活一定年限的农民工可直接转为城市市民。所以，“市民化”不直接翻译为 urbanization of the rural，而采用 registration of rural migrant workers as permanent urban residents，把其中具体、实质性的意思翻译出来。“有序”可以直接通过语码转换为 in an orderly way，但不能把“推进……市民化”直译为 promote/push the citizenization，因为 citizen 这个词在西方更多地表示“公民”的意思，“市民”则倾向于用 urban residents，另外，citizen 给人造成了有意扩大城市人口、减少农业人口的错觉。

第六章 汉语追求积极修辞与英语追求消极修辞

积极修辞与消极修辞的概念划分是陈望道在《修辞学发凡》中首次提出的，书中从目的、手段、要求、适用范围等方面对积极修辞和消极修辞做了详尽的阐述。比如从修辞的目的看，他认为，积极修辞的目的在于生动地表现生活的体验，是“具体的，体验的”，只要能体现生活的真理，反映生活的趋向，即便是现实世界所不曾见的现象也可以出现，同事实虽然不无关系，却不一定有直接的关系。而消极修辞的目的在于记述，以平实地记述事物的条理为目的，力避掺入自己个人的色彩，常以实事求是的态度，精细周密地记述事物的形态、性质、组织等，使人一览便知道各个事物的概括的情状。

积极修辞是指主动运用各种传统表现手法，比如夸张、比喻、回文、重复、借代、拟人等方式使语言文字呈现出形象性、具体性和节奏美，并因此诉诸读者或听者的情感，引起共鸣。因此，积极修辞的手段常在文学艺术类和某些应用文，如广告中广泛使用，目的是“以情动人”。

与“积极修辞”相对，消极修辞大体是从理性的角度出发，考虑概念与概念之间的关系，为达到明白、通顺、平匀、稳密的目的，而对语言文字进行词语与表达方式的选择与安排，比如追求词义明确，语句自然、通顺，语境相切，前后照应、连贯，布局严谨等，也称“规范修辞”或“一般修辞”。因此这类修辞手段主要运用于科学语体、公文语体、诠释性文字和平时的商谈，其目的是“以理服人”。

汉英两种语言都有对修辞手法及其效果的传统追求，但两者相比之下也有一些差异：在同类文体中，汉语基于其固有的形象思维习惯和以人为本的出发点，更加注重通过使用积极修辞的手段来感染、打动读者和听者；而英文思维基于其崇尚理性思维的习惯，更加注重利用严格的逻辑和思辨方式来引导、说服读者和听者。这种传统思维在语言实际表达方式上有差异，比如即使在非文学作品中，汉语也常常使用谐音、叠字、转借、比喻和夸张等手法，而不太注重从意义上来说是否有必要；而英文在非文学类文体中则更加重视用词的精准和逻辑上的层次，词语能不重复就不重复，没有必要使用比喻、夸张等手段则倾向于不使用等。

以下从汉语政论文的英译例子，阐述英汉语言在积极修辞和消极修辞上的差异，供参考。

例 1　让市场吃了“定心丸”，成为经济稳中向好的关键一招。All these efforts reassured the market and played a vital role in sustaining steady economic growth.

句中“定心丸”的基本意思是一种能使人心神安定的丸药，在此处跟治病的药丸没有关系，丸子的形象在英文中完全失去，它比喻能使人心绪安宁、不再忧虑的言语或行动，直接译出其比喻意义，译成 reassure。

例 2　把握时代发展要求。Respond to the call of the times.

“把握……要求”是从人的角度出发，有借代的修辞性，其实“时代”不会像具体的一件东西那样被“把握”，也不会像人一样提出“要求”。如果按照字面翻译为 grasp the requirement of the times 语义搭配不严谨，虽然 grasp 本来是具体行为动词，英文中常用作借代，意为“能理解”，但这个词口语化强，而且只是理解“时代要求”也并不全面。根据中、英文的思维差异，汉译英要注意求实、求本意的精准，以及实际意义的切实搭配；英译中则尽量达到生动形象和节奏上的效果，以及词语本身的修辞效果。应该说明这里并非不能用 grasp，而是用这个词文体上不适宜，选用 respond 更合适。

例 3　凝聚力量，攻坚克难。Pool our strength to overcome all difficulties.

句中“凝聚”的字典第一释义，就是一个物理或物理化学的专有词，指气体由稀变浓或变成液体。“凝聚”在此处实际上是修辞性跨语域借用，英译时不使用其字典第一释义，而使用表面上不对应的 pool，但是 pool 实际上更

能表现“把多方力量汇聚到一起”的实际含义。“攻坚克难”这个并列结构的四字词语实际上是由偏正结构的“攻克艰难”变过来的，能更好地显示其积极修辞效果，也符合中文“二元结构”的传统语言思维习惯，译成英文时，做一元结构处理。

例4　支持工业反哺农业。Encourage industry to support agriculture in return for agriculture's earlier contribution to its development.

句中“反哺”的原意指反过来喂食，如鸟雏长大，衔食哺其母；其引申意义比喻报答父母。在这里明显是借用动物学/仿生学的概念，在中文中这种借用有积极修辞意义，而且两个汉字显得十分简洁。然而英文思维并不像汉语这样注重借用这种修辞，字面对应的feedback并不只是动物学或仿生学领域常用词汇，而是更多地用于工业或信息领域，所以很难表达原文本意，考虑到这些，应该把“反哺”的具体目的翻译出来，即表明在长期接受农业哺育后，工业已“长成”，应该回报农业。这也是特殊词语概念中的解释性翻译之例。

例5　在党章中反映党的理论创新和实践发展。To recognize the Party's innovations in theory and progress in its practice in the Party Constitution.

句中“反映”属于物理学词汇借用，指物质固有的一种特性，即一事物和其他事物发生相互作用时，以自身的变化再现他物的某些特点。通常指客观事物作用于人的感官，而使人以观念的形式对客体及其规律和特性摹写、复制和再现。其基本词典注释是reflect，但在此处不直接翻译为reflect，因为英文重视客观性与科学性，reflect较多地保持着其物理性含义（反照，反射），这个客观、物理性的词虽然可以用来做比喻，但英文中这种比喻不是常规而是特别情况；而中文重视主观性与艺术性，“反映”已经成为跨语域使用的、约定俗成的常用词。该句的“反映”不用reflect，而用recognize来翻译，是中英两种语言思维的差异使然。

例6　培育带动区域发展的开放高地。Form new leading areas of opening up that drive regional development.

句中“高地”的基本释义为地势高的地方；军事上特指地势较高能够俯视、控制四周的地方；其引申意义指在某一方面比别人做得更好，如“翻译人才培养小高地”指在培养翻译人才方面比他校强的学院或中心。前面多次提到当代汉语时事政治语言中的一种倾向性，即常借用军事用语，翻译“高地”时，要舍弃其字面军事上的意义，转译为 leading areas。传统上，汉语对修辞性有特别追求，以及不同语域词汇转借，比如此处的“培育”借用了生物学领域的词汇，基本意思是培养幼小生物，使其发育成长，引申意义是使某种感情得到发展或培养教育人才；而英语更加注重逻辑和理性，不像汉语那样随时转借或大量、频繁地使用各种修辞，因此在英语中实际上“培育开放高地”是不搭配的，因此，原译文将“培育”直接翻译为 form，而“高地”也不做字面转换。

例 7 夺取新胜利的重要法宝 a powerful instrument for winning new victory

“法者，气也！宝者，精也！”法宝就是道家修身养性的诀窍法门，后来也比作道家神话传说中能降妖伏魔的宝贝；另外，法宝也是众多网络游戏中的一类特殊道具。“法宝”是一个修辞意义极强的词，比喻为非常有力或特别有力的工具，英译时要遵循英文正式、非文学文体淡化积极修辞、突出精准、明确、具体的习惯，所以表述为 powerful instrument，而不是 magic weapon。

例 8 更加奋发有为，兢兢业业地工作。Aim higher and work harder.

句中“奋发”的目的是“有为”，前半句的意思是：为明确的、更高的目标 aim higher 努力，可以译成：aim higher and work harder；后半句与前半句意思相同，可以略去不译。另外，汉语常通过四字结构追求修辞上的节奏，用并列结构加强语气；而英语没有这一追求，英译具有这样特点的中文时，把意思相同的并列句合二为一地表达出来即可。

例 9 这是加快转变经济发展方式的主攻方向。This is the major goal of accelerating the change of the growth model.

句中“主攻方向”亦称“主要突击方向”，指进攻的军队在主要方向上集中主要兵力对敌人实施攻击，目的是迅速突破敌人阵地，以便分割歼灭敌人。转借军事用词用于汉语政论文，具有一定的积极修辞作用。根据英文表述习惯，不直接翻译“主攻方向”的字面意思，因为“方向”具有修辞借用的性质，实际指“目标”，由于英文注重客观实际，一般文体需要淡化积极修辞，所以直接转化为 major goal。另外，根据当代英语有追求简洁文风的倾向，动宾结构“转变经济发展方式”用名词化的形式翻译，就比较简洁化。

建议整句改译为：This is the major goal of accelerating the transformation of modes of economic development.

例 10　加快推进社会主义民主政治制度化、规范化、程序化。Work harder to enhance socialist democracy in a systemic way by adopting due standards and procedures.

该句连续出现三个“化”，这种带有“欧化”的表达方式在正式文体中使用率比英文-ise/-ize/-ization 有过之无不及，是汉语借鉴西方语言发展的一个特别现象，尤其是“五四”前后大量的翻译，从日语转译的较多。英文名词即使不用这样的词尾，也常常具有“范畴”性的特点，意义本身就可以延展，所以，可不必把中文里的“化”再回译为词尾是 ization 的英文词语。翻译时根据英文注重概念的逻辑关系的特点，将句中三个具有并列音韵修辞效果的并列结构进行了逻辑化的处理，分出了层次，具有音韵修辞效果。

例 11　解决好农业农村农民问题是全党工作重中之重。Resolving issues relating to agriculture, rural areas and farmers is the number one priority in the Party's work.

重视语音语调修辞功能是汉语词语的重中之重，句中“重中之重”就是通过语音和词语重复而产生特殊的修辞效果，从传统上来说，这种修辞效果有文学审美价值。而英语不是声调语言，同音词比汉语少得多，不像汉语思维那样重视语音语调效果。如“重中之重”被翻译为 the (more) important of the important，语法没错误，但在语言审美方面并不能达到和中文原文同等的效果；而用 the number one priority（或 the top priority）来翻译更符合英语习惯。另外，从语法上来说 relating 和 related 两者都可以，但从英语思维习惯看，直接加自然的表述比间接加人为（被动）的表达更好。

例 12　把我国经济发展活力和竞争力提高到新水平。Further increase the vitality and competitiveness of China's economy.

“提高到新水平”在汉语中为大众所接受，但不能直译为 raise...to a new level，而是译为 further increase。因为在英文中，“水平”只有高低，“提高”必然是提高到更高水平，“新”或“旧”与“水平”从逻辑上说不搭配；而在汉语中如果说“提高到更高水平”并没有确切的意义。英译时要考虑英汉语言不同的修辞传统及逻辑搭配。

例 13 加强对政府全口径预算决算的审查和监督。Tighten examination and oversight of all government budgets and final accounts.

句中“口径”是一个军事专有名词，指枪、炮管的内直径（线膛武器指两条相对阳线间的距离）；也指器物圆口的直径、比喻对问题的看法或处理问题的原则。译文对“口径”忽略不翻译，因为“口径”是军事词语跨语域借用，在句中起到加强修辞性的作用。“审查”不直接翻译为其词典释义censorship，因该词主要是对出版物、文字等内容进行审查。“监督”虽然可以用 supervision 来表述，但文体上不如 oversight 适合。另外，该句的“加强”不能用 strengthen 表述，因此处的“加强”实际上是“加紧”的意思，所以翻译为tighten。

例 14 牢牢把握各民族共同团结奋斗，共同繁荣的主题。Keep to the goal of all ethnic groups working together for common prosperity and development.

句中“主题”，在文学范畴中，指题材本身的意义和作者的思想感情总是在不同方式上结合着的，这就形成作品的意义或者说作品的思想性，其中最根本的意义就是主题；在电脑范畴中，主题即 windows 主题，指的是 windows系统的界面风格，包括窗口的色彩、控件的布局、图标样式等内容，通过改变这些视觉内容以达到美化系统界面的目的。“共同主题”指借用文学范畴内的“主题”来说目标，属于修辞方式，也不宜直接译为 theme，应该译为 goal。另外，原译文用简洁明快的 keep to 翻译“牢牢把握”，充分反映“牢牢把握”所具有的生动形象特点，无须逐字翻译，因为汉语政论文本也富于文学性和修辞性，而英语对文学性和积极修辞性词语的使用频率大大低于汉语。

例 15 必须坚持党的领导、人民当家作主、依法治国有机统一。We must ensure the unity of the leadership of the Party, the position of the people as masters of the country and law-based governance.

句中“有机”的基本意思是含碳的，尤指氢原子连接到碳原子上的化合

物的有机溶剂;其引申意义是指事物的各部分互相关联协调而不可分,就像一个生物体那样有机联系。此处的“有机”是借用生化科技术语增强修辞表现力的手段,同时用四字结构增强了汉语特别重视的节奏性,其修辞意义比实际意义重要,英译时不必译出,因为英语没有重视这类借用手法增强修辞的传统。此外,原译文使用 unity 表述“统一”不够精准,因为 unity 指“由不同的部分(主体)组成在精神上、目标上、利益上和感情上的一个统一体”,用 integration 更合适,因为它指把不同主、客体结合起来。“人民当家作主”很形象具体,用抽象的 democracy 翻译即可。从归化的英文角度来看,原译文可做更简化的翻译。

建议整句改译为:We must ensure the integration of the Party's leadership, democracy and law in governance.

例 16　坚持为人民服务的方向。Adhere to the goal of serving the people.

“方向”是个间接、转借用词,其本意指东、西、南、北四个方位,其引申意义指人在生活中的人生理想、追求目标。句中的“方向”虽然使用 orientation 或 direction 来翻译也可以理解,但不符合英文注重直接、明晰的用词的语言特点。由于英汉两种语言修辞传统的差异,用 goal 来翻译更直接、明确,符合本句的目的。

例 17　社会信息化持续推进,科技革命孕育新突破,全球合作向多层次全方位拓展。Information society is fast emerging. New breakthroughs are in the making in the scientific and technological revolution. Global cooperation is expanding at multiple levels and on all fronts.

句中“推进”不能直译为 being pushed forward,因它在此处显然是继续向纵深发展、变化的意思,根据英文注重客观性的倾向,翻译成 emerging 更符合英文习惯;“孕育”是生物领域的词汇,本意为“妊娠时胚胎在子宫中发育”,但该词在句中是修辞性借代,意思是“虽未显露、表达或发展,但却包含在某物本质中,正在形成”,所以应转译为 are in the making;“方位”有三种含义,第一种是风水学上的宅方位的吉凶方位;第二种是舞蹈学上的舞步,舞姿在舞步结束时面对的方向;第三种是星系上,星球对角的距离,而实际上在句中也是修辞借代,指代不同的领域和方向,根据英文“避虚就实”的倾向来考虑翻译为 fronts。

例 18 唱响网上主旋律。Advocate healthy themes on the Internet.

句中"主旋律"的基本意思是一部音乐作品或乐章的旋律主题,或指在一部音乐作品、一个乐章行进过程中再现或变奏的主要乐句或音型;此处网上主旋律是指网络传播的主题;"唱响"和"主旋律"是文学修辞色彩十分浓重的中文词汇,在注重逻辑与理性而相对淡化文学修辞的非文学体裁英文中,不宜直译,"唱响"转译为 advocate;"主旋律"转译为 theme,因"主旋律"也是一种修辞类比、借用,不是歌曲的主旋律,而是社会的或时代的"主题"。

整句可改译为:Advocate our key propositions on the Internet.

例 19 反腐败要老虎、苍蝇一起打。In fighting corruption, we should go after both tigers and flies, that is, both the high and low-ranking officials who have benefited from graft.

句中"老虎、苍蝇"是一个比喻修辞,比喻那些贪污腐败的大小官员。对于不同的语言文化背景中比喻的翻译,在语言转换可以完全传达意思的情况下当然可以只做转换,但必要时可以做解释性添加。该译例在直接转换后,添加词语解释"老虎"和"苍蝇"的所指,来传达语境中真正的喻义。

例 20 要更加自觉珍爱自然,努力走向社会主义生态文明新时代。We should treasure nature more willingly and strive to usher in a new era of socialist ecological progress.

句中"自觉"在心理学领域里,其英文对应词是 self-consciousness,在其他场合,如"自觉排队""自觉遵守"等,也可以简单表述为 with good conscience。其实"自觉"在中文里是一个较常见的词语,但在句中不能直译,应转译为 willingly。"努力走向"中的"走向",体现中文重视修辞性的传统思维,英文注重逻辑与理性,不可直译,因为其实际意思是"为……目标而努力",译成英文时要把它的实际意义表述出来。

例 21 我们必须把坚持一国两制原则和尊重差异有机结合起来,任何时候都不能偏废。We must both adhere to the one-China principle and respect the differences of the two systems. At no time should we focus only on one side to the neglect of the other.

句中“有机”是科技语域词语，本章例15已提及其传统含义，近年来新的意思是“生态的，无污染的”，类似的词组如“有机食品”等，该词在句中是借用科技语域词语增强修辞性的一种方式。在英译“有机”时，应根据英文重实际语义、少修辞的特点灵活处理，于是使用 both...and...来表述。不过，原文两句话实际上是一个基本意思，只是通过重复达到强调的效果，但这种强调的方式在追求集约、简洁的英文中有可能被看作无意义重复，所以从“归化”角度来译，原译文可做简化处理。

建议整句改译为：We must both adhere to the one-China principle and respect the differences of the two systems, and never neglect any side in favor of the other.

例 22　中国将以更加积极的姿态参与国际事务，发挥负责任大国作用，共同应对全球性挑战。China will get more actively involved in international affairs, play its due role of a major responsible country, and work jointly with other countries to meet global challenges.

句中“姿态”是一种修辞性措辞，其基本意思是容貌神态、物体呈现的样子，引申意义是风格、气度，“姿态”在此处并无实质性内容，不翻译；用 take a (more active) part in 或者 get more actively involved in 翻译“积极参与”皆可，但两者相比，后者更是从客观视角出发。“发挥……作用”的表述中补加 due 是把默认的“理应的”意思表述出来，是自然的语义补充。

例 23　一分耕耘，一分收获。在改革开放的伟大实践中，我们已经创造了无数辉煌。我坚信，中国人民必将创造出新的辉煌。There is no harvest without ploughing. During the great endeavors of reform and opening up, we have achieved great things. I firmly believe the Chinese people will no doubt achieve even more.

此例的第一句是一个比喻修辞，意为没有辛勤的劳动，没有努力的耕耘，就不会有丰富的收获。英语国家也有这样的比喻，该比喻是不同语言中共有的，具有极高的普遍性，翻译时可以基本保留原修辞意义，但把句子改成否定性的 There is no...without...是一种反译，显示了中文在意合结构中通过部分词语重复表明意义关系的特殊方式，而英文则在形合结构中利用不同词语的语法逻辑关联表明意义。

例 24 营造有利于高素质文化人才大量涌现、健康成长的良好环境，造就一批名家大师和民族文化代表人物。We should foster a fine environment that enables a large number of talented cultural figures, particularly eminent cultural figures and representatives of Chinese culture, to distinguish themselves in artistic pursuit.

句中借用建筑学概念的词语“营造”，其基本意思是古代建筑的施工建设；能加强语言节奏的四字结构“大量涌现”和“健康成长”等借代性修辞词汇（“涌现”“健康”“成长”）都反映中文强调修辞的特点，不必按照字面意思翻译。另外，“文化”是大而空泛的词语，“大师”则一般指在某种技艺或某个行业精通的人士，“大师”不直译为 great masters，因为它与中心词“文化”搭配起来不够精准，根据英文注重客观性与科学性的习惯，应该做恰当的理性化综合处理，所以用 enables...to distinguish themselves 来表述。

例 25 大家撸起袖子加油干。The nation remains mobilized for brand new endeavors.

该句是习总书记在 2017 年新年致辞的一句话，是一个比喻，很形象具体，反映汉语对具体形象运用的重视程度较英语高、形象性表达（包括比喻、夸张等修辞）运用的比例更高的特点。该例选自 CRI（中国国际广播电台）的译文，像描述既成事实，回译过来便是“全国人民为了新的事业，都动员起来了”，没有把汉语重视运用具体形象的特点再现出来。而出自 CCTV 的照字面翻译的 We roll up our sleeves and work with added energy，没有把句子的语义重点“加油干”凸现出来，句中“撸起袖子”是“加油干”的方式。因此根据英语精练、语用优先的特点及汉语重视运用具体形象的特点，原译文可加以改进。

建议整句改译为：We roll up our sleeves to work harder.

例 26 各项重大决策和战略部署 major policy decisions and strategic plans

该例中的“部署”是一个主要用于军事领域的词语，主要指为了战争而对军力进行的调整和安排，尤其是大规模地、全面地、有原则地安排、布置人力、任务等。军事用语在汉语政论文中常被借用，但在英语中没有这样的习

惯,所以不宜做字面翻译。英译时不选用其词典释义第一项 deploy(ment),可选的释义项还有 plans,arrangements 等,但 arrangements 过于具体,原译文选用 plans 最佳。

例 27　同舟共济,权责共担,增进人类共同利益。Stick together in times of difficulty, both share rights and shoulder obligations, and boost the common interests of mankind.

句中"同舟共济"充分显示中文思维有较大追求积极修辞和形象表述的倾向,在同样的正式文体中,英文则少有这种倾向。根据英汉语言思维习惯的差异,英译"同舟共济"无须形象表述为 We should act like passengers in a boat who stick together when crossing torrential waters。

例 28　坚持以人为本、执政为民,始终保持党同人民群众的血肉联系。Put people first, exercise governance for the people and always maintain close ties with them.

句中"以人为本"在中文里是大词小用的表述性话语,英译时应该付诸其实在、具体的意义,所以表述为 put people first;"血肉联系"是一个比喻,是汉语重修辞的表现,翻译成英语,只翻译实质意义。

例 29　与人民心连心、同呼吸、共命运,依靠人民推动历史前进。Be of one mind with the people, share a common destiny with them, and rely on them to propel history forward.

"心连心""同呼吸"及"共命运"这三个词语连续使用,它们的意思相通,意为"双方关系密切,利害一致",是比喻的修辞性用法,具有明显的音乐节奏,反映中文重视使用由工整的字数构成的富有节奏感的词语的特点;而英文则有所不同。考虑到翻译主要以传达意义为目的,意义完整则可以省略某些字词的翻译,所以不翻译"同呼吸",直接翻译其比喻意义即可。

例 30　反腐倡廉必须常抓不懈,拒腐防变必须警钟长鸣。We must make unremitting efforts to combat corruption, promote integrity and stay vigilant against degeneration.

这里的两个并列句意思相同,连续使用四个四字词组,语言节奏效果明显,其中"警钟长鸣"的基本意思是警惕的钟声长久地响;在此处是比喻的修辞手法，比喻在事情没有发生的时候要知道预防，时刻保持警惕以防犯罪行为及安全隐患的发生！“警钟长鸣”的本来意思与“常抓不懈”一样，合二为一地译成英文 make unremitting efforts 就可以。英译时应该考虑到并非每个字都有同样重要的语义。其中，“反腐倡廉”与“拒腐防变”也是同一个意思，只要翻译一次即可。

例 31 培育新型经营主体。Foster new types of business entities.

句中“培育”的字面意思是培养幼小生物，使其发育成长，属于生物领域词汇，借用到经济领域，是借用修辞，其意思是使其得到发展，译成英语 foster 很合适，暗含的意思为 encourage the development of 或 provide the incubator for；根据同样的道理，“主体”不是 subject 而是 entity（作为实体的主体）。另外，句中“经营”的含义有广义和狭义之分，它们分别是 business，business activities 和 business management，management，原译文根据语境选择广义的含义。

例 32 我们党书写了感天动地的壮丽史诗。Our Party made epic accomplishments.

句中“感天动地”是夸张修辞手法；“史诗”的本义是一种庄严的文学体裁，内容为民间传说或歌颂英雄功绩的长篇叙事诗，它涉及的主题可以包括历史事件、民族、宗教或传说，在此处比喻惊人的伟大业绩。该例反映中文政论文本也有重修辞的传统；然而英文更加注重语法与逻辑概念，非文学类文本不倾向于用文学修辞手法，所以英译时需要做“去修辞”处理，原译文只保留了具有一般意义的 epic，而不翻译夸张性的“感天动地”。

例 33 把权力关进制度的笼子。Keep power in the cage of systemic checks./Power should be placed under close oversight/checks.

句中“笼子”的本来意思是存放动物或物品的竹编、木质或塑料等材料制成的物件，在此处是比喻的修辞手法，比喻“对权力的使用有限制，防止滥用权力”。在非文学翻译中，汉语重视修辞手法，而英语注重逻辑，汉语修辞如比喻和夸张等的使用频率远远高于英语，汉译英时应该可以放弃不必要的修辞方式，直接切入实质性含义。

建议整句改译为：Keep the exercise of power under systemic checks.

例 34　基层党组织是落实党的任务的战斗堡垒。Community-level Party organizations play a key role in carrying out the Party's tasks.

"战斗堡垒"是一个军事用语，意思是军队所修筑的战守两用的坚固小城堡，在此处比喻难于攻破的事物。这是政论文本利用军事用语表达一般意义的传统修辞手法，应该根据英文读者习惯予以改变，直接表达其本质意义。

最近的政论文本中全部将"基层"翻译为 community-level，而改革开放以前常将"基层"译为 grassroots，究其原因，是因为 grassroots 与中文"草根"的对应给人造成了一种误解，以为该词有表示"低下"的意味。其实，通过浏览英语世界的网络内容，我们不难发现，grassroots 也是一个有正面意义的词语，即使西方首脑也常常以出身"草根"或深入"草根"阶层为荣。所以，没必要对其采取"回避"态度，选用 grassroot(s)还是 community-level 视情况而定。当然，本句中的"草根"不宜译为 grassroots，因为该词主要是针对人(的阶层)而言的，而此处是说党的组织，翻译为 community-level 是正确的。

例 35　要给权力涂上防腐剂，套上紧箍咒。Power should be covered with antiseptic and be kept in a straitjacket.

句中"防腐剂"的本来意思是天然或合成的化学成分，用于加入食品、药品、颜料、生物标本等，以延迟微生物生长或化学变化引起的腐败，在此处是借用化学领域的词汇用于政治话语，比喻防止人们滥用权力；"紧箍咒"最早出现于吴承恩的《西游记》中，唐僧用来制服孙悟空的咒语，能使孙悟空头上的金箍紧缩，头痛欲裂，在此处比喻束缚人的东西。这样的借代修辞手段往往涉及不同语言中的特殊文化文学传统和审美习惯。汉译英时应该首先考虑修辞手段的必要性，在译文中有类似修辞手法时可以使用，但要考虑具体的使用语域，此处的"防腐剂"是针对"权力"这个机体，要借用医学词语 antiseptic(防止生物机体的腐烂变质)来译，而不直译为 preservative，因为 preservative 主要用于食品类的防腐。"紧箍咒"也不用其本来意思翻译，而用 straitjacket 来译，因它在英文中的功能与"紧箍咒"对应，能够准确表达原意，当然也可以选择 bridle(马辔)。

例 36　发挥好政府投资"四两拨千斤"的带动作用。We hope that such

government investment will attract more investment in these areas from other sources.

句中“四两拨千斤”源于道家哲学，最早见于王宗岳《太极拳论》一文，原文意指太极拳技击术是一种含高度功力技巧，不以拙力胜人的功夫；太极拳功深者，以触处成圆、引进落空、避实就虚等技法，使外力难以作用于自己身上；又以敷盖、封闭等技法使对手无法起动发力，从而体现出太极拳独特的技击特点。“四两拨千斤”在此处比喻以小力胜大力、轻易地做什么事情，“拨”的形象在英文中完全被阻断，英译时可完全意译为 from other sources。

例 37 喊破嗓子不如甩开膀子。Getting things done is more important than shouting. /Roll up sleeves and get things done!

中文在词语层面和整个句子层面都倾向使用具有修辞性的具体、生动的表达方式。英译时应该区分对待，在词语层面上可以考虑变通，放弃具体形象直接切入本义；在整个句子层面应该尽可能直译或直译加简单的解释词语或简单意译，在比较重要的文件或场合更是如此。该句并不指字面上的行为，而是指行动起来把事情做好比喊空头口号重要，越是重要内容，一般越不宜仅仅为了表现修辞而套用或重新造一个英文中没有的类比，如 Talking the talk is no good as walking the walk 这样的句子。

例 38 高度重视农村留守儿童、妇女、老人和“空心村”问题。We will give high priority to resolving problems facing children, women and older people who are left behind in rural villages by rural migrant workers working in cities.

句中“空心村”比喻农村青壮年去城里打工，留下需要照顾的老人和小孩，不是说村里无人，空荡荡的，其中“空心”的形象在英文中完全失去，不能直接译成 empty village，而是要用解释的方法翻译，见原译文。

例 39 我们要打造中国经济的升级版。We need to upgrade China's economy.

当今人们工作离不开信息技术，与信息技术相关的词汇“升级版”，其本义是更完善、功能更多的信息技术软件。信息技术词汇也被利用来表达政治话语，可见中文重视修辞借用的程度之高。此处“升级版”的意思是要改变粗放的经济发展方式，调整不合理的经济结构，让经济的质量和效益、就业和收入、环境保护和资源节约等方面有新的大幅度提升。但根据英文同

类文本对修辞借用不像中文那样使用频繁的习惯，直接翻译其本意，放弃翻译“版”（version）。

例40　改革开放没有完成时，只有进行时。Reform and opening up are not a mission accomplished. Rather, they are an ongoing/dynamic process.

与词语跨范畴、跨领域借用一样，该句借用语法概念来表述也是修辞的一种。这样的修辞说明汉语思维中修辞的使用频率之高，但英语非文学文本中使用这种修辞手段不频繁，所以应该考虑直接翻译本意，放弃类比。

例41　了解中国要切忌盲人摸象。In learning about China, one should avoid making the mistake of the blind men who tried to learn about the elephant by feeling/touching it.

句中“盲人摸象”是典故成语，借用中国典故的特有语言修辞方式，在此处比喻对事物只凭片面的了解或局部的经验，就乱加猜测，想做出全面的判断，即以点代面、以偏概全地看问题。该寓言常用来讽刺目光短浅的人。对于不一定知道这个典故的英语读者，如果只按字面翻译而不做解释、补充，就让人难以理解，所以需要添加 who tried to learn about the elephant。在翻译特有文化词语或典故时，最好使用直译与添加性解释相结合。

例42　鞋子合不合脚，自己穿着才知道。Only the wearer knows whether his shoes fit.

该句用鞋子是否合脚比喻“恰当与否”，英语里也有这样的比喻，这说明不同语言文化中都有共性成分，即跨语言的共性。对于中、英文都有的比喻，一般都可以直译。

例43　踏石留印，抓铁有痕。Step onto the stone and you should leave your footprint on it; clutch a piece of iron and you should leave your handprint on it. This means one should take forceful steps and deliver tangible results.

中英传统思维在同类非文学文本中对修辞手段的使用频率有较大差异，中文在词语层次上有大跨度夸张和类比，而英文则少有这样的现象。所以汉译英时可以放弃词语上的修辞手法，直接切入本义，但是应该保留整句的修辞类比，并对可能存在理解问题的表述做浅近的解释。正如本句译文，如不做解释，读者就不能明白原文所要表达的真正含义。

例 44 领导者要有如履薄冰，如临深渊的自觉。A leader/leading official should exercise his responsibility with utmost care/caution as if he were walking/treading on thin ice or standing on the edge of a cliff.

句中"如履薄冰"的基本意思是像走在薄冰上一样，比喻意义是行事极为谨慎，存有戒心；"如临深渊"的基本意思是如同处于深渊边缘一般，比喻意义是存有戒心，行事极为谨慎。这两个修辞比喻并非中国特有，英语里也有这样的比喻修辞，英译时不需要改变这种比喻形象。此处的"要有"是对"领导者"而言，根据其语境，就是说"领导者在做领导工作时要有"的意思，所以添加 should exercise his responsibility。意义泛化的"自觉"不宜直译，根据语境，"自觉"所针对的是具体、实在的内容，所以应该译为 care 或 caution。

例 45 百花齐放，百家争鸣的方针 the policy of having a hundred flowers bloom and a hundred schools of thought contend

该例中的两个四字成语出自毛泽东的《关于正确处理人民内部矛盾的问题》，比喻艺术及科学的不同派别及风格自由发展与争论。四字成语的翻译有约定俗成的说法，应该继承传统，不能随意随时别出心裁，尤其是这类带有比喻成分，中国特色较强（有逐字直接转换的特点）的。以往的翻译有使用 let a hundred flowers bloom…的情况，但相比之下，let 还稍微带有被动的意味，选择 have 更好。

例 46 不能身体已进入 21 世纪，而脑袋还停留在过去。One should not stick his head in the past when his body is already in the 21st century.

句中"身体"和"脑袋"都是借代，部分代整体，即一个人，这样的例子如：我讨厌我们班上的那个红鼻子。用 we 做译文的主语显得很主观，根据英语重视客观的特点，选用 one 做主语，既符合逻辑，又能传递原文用人做类比所表述的意义。

例 47 这是削权，会很痛，甚至有割腕的感觉，但是我们要有壮士断腕的决心。This means cutting one's power, which is quite painful, like cutting one's own arm. But we should have the resolve to do so./It will entail real sacrifice, and this will be painful. But we are determined to make such sacrifice.

句中"壮士断腕"指勇士手腕被蝮蛇咬伤，就立即截断，以免毒性扩散全

身。比喻做事要当机立断，不可迟疑、姑息。“割腕”与“壮士断腕”都有中国传统文化特有的联想意义，是比喻修辞手段，但这两个比喻也有一定跨文化共性，英译时可以在尽量保留原文本意的同时，添加词语解释。在追求实质性意义的政论文本翻译中，如果没有跨文化共性就完全可以意译（否则需要添加解释而造成文本冗长）；如有一定跨文化共性，就要在尽量追求简洁的风格中保留原文的比喻，然后加以解释。

例 48　当前改革已进入攻坚期和深水区，必须紧紧依靠人民群众，以壮士断腕的决心、背水一战的气概，冲破思想观念的束缚，突破利益固化的藩篱。China's reform has entered a critical stage and a deep water zone. We must rely fully on the people, break mental shackles and vested interests with great determination.

句中“背水一战”源于发生在汉高祖三年（公元前 204 年）的历史故事，当时，汉军和赵军在井陉交战，汉军大将韩信利用赵军主帅陈余轻敌之心，摆下兵家大忌的背水阵，鼓吹本军将士奋勇作战以求死里逃生，并另调两千轻骑趁隙夺取赵军军营并在军营内插满汉旗。赵军想回营稍做歇息之余，惊见本营插满汉军旗帜，以为汉军已经全部俘获赵国的国王和将领们，大势已去，于是军队大乱，纷纷落荒而逃一哄而散。“壮士断腕”“固化的藩篱”和“背水一战”一样都有较强的修辞性，且与中国历史文化紧密相关。由于中英两种语言的修辞传统及其相关的文化传统不同，如果把这些涉及历史文化背景的意义都翻译过去，必然要添加解释，但翻译的最根本目的是传达意旨，尽可能在表述上功能对等，所以此处放弃原有修辞而做简化翻译。

例 49　以优良党风凝聚党心民心。Use the Party's fine conduct to enhance party cohesiveness and win popular support.

句中“党风”的意思是“工作作风”（conduct, behaviour）而不是“风格”（style）。“凝聚”是借用物理领域的一个术语，其本义是“气体变浓或变成液体”，它在此句的意思是“把……聚集、积聚起来”，英译“凝聚”时，须考虑英文倾向于用一般意义动词如 use, enhance, win 等，而中文倾向于用具体动词（凝聚）的语言差异。二元结构“党心民心”富有音乐性的节奏，“凝聚”对于“党心”来说与对于“民心”来说内涵不同，所以选择不同的词语来翻译。但是“凝聚”的原译文 cohesiveness 显得生硬。

建议整句改译为：Use the Party’s fine conduct to enhance party in gathering power and win popular support.

例 50 它以全新的视野深化了对共产党执政规律的认识。It offers from new perspectives a deeper understanding of the laws of governance by the Communist Party.

“视野”的基本意思是当眼睛固定注视一点时（或通过仪器）所能看见的空间范围；其修辞意思是指根据人的思想或知识的领域，看问题的角度，英译时也不可做字面翻译。

句中“全新”这个词体现了汉语独有的大量使用双音节词语的习惯与传统（据粗略估计，汉语词汇约有 80% 都是双音词），“全新”和“新”没有什么区别，汉语追求语言音乐节奏性（甚至追求声调的平仄），因而对双音词、四字格的情有独钟。而英语不像汉语这样强调语言的节奏，只要不是诗歌就不在意音节数的多少，况且在表述重要语义的时候能用名词或静态的表述（如介词短语等）则不用动词，因此句子中使用 make，do，have 等基本动词的很多，此处使用 offers...a deeper understanding 来翻译“深化……认识”就是一个普通例子。

例 51 巩固和发展平等团结互助和谐的社会主义民族关系，促进各民族和睦相处、和衷共济、和谐发展。Consolidate and develop socialist ethnic relations of equality, unity, mutual assistance and harmony so that all ethnic groups in China will live and develop together in harmony.

句中重复使用“和谐”，且“和谐”“和睦”“和衷”实际上有明显的积极修辞效果，对中文读者来说更有诉诸情感的语气。译文中重复 ethnic 和 harmony 也是受到了原文的影响，根据英汉语言对修辞风格的不同倾向性追求，原译文可改进。

建议整句改译为：Consolidate and develop socialist relations between all ethnic groups featuring equality, unity and mutual assistance so that they can all live and develop in harmony.

例 52 突破重大技术瓶颈。Remove major technological bottlenecks.

人们通常把一个流程中生产节拍最慢的环节叫作“瓶颈”(bottleneck),更广义地讲,所谓瓶颈是指整个流程中制约产出的各种因素。一般人常常有一种“回避”(又称“规避”)心理,即总倾向于回避字面翻译,生怕犯“中式英语”的错误。在这里不但“瓶颈”可以直译为 bottleneck,而且“突破瓶颈”实际上也完全可以直译为 breakthrough the bottleneck(当然,remove the bottleneck 也是正确翻译)。因此,在遇到类似情况的时候,我们应该首先考虑这种语言类比情况是否真正为中国所特有,还是跨文化跨民族都可以理解接受的正常表达,不放心可以通过英语国家网络搜索查证。

第七章 汉语的动态与英语的静态

在现实世界中,物质有两种:处于相对稳定状态中的物质和处于明显变化状态中的运动物质。语言中表示客观物质的是名词,表示运动的是动词。根据现实世界的显著运动和相对静止,我们可以把现实情境和现象切分成静态过程和动态过程两大类。静态过程揭示某一主体属于某一类型,具有某种性质或特征,或处于某一状态;动态过程表明某一主体进行某一动作、发出某一行为或影响、改变某一客体。不同民族的语言在对同一个世界进行观察时,因其视角的不同而往往导致静态和动态的不同表达法。英语和汉语的显著差异在于英语呈静态,动作意义常借用其同源名词、形容词或介词、副词等来表达;汉语呈动态,多用动词表达动作意义,因而动词使用频率较高。即英语是一种偏向以静态角度叙述的语言,有一种少用动词,或用其他手段表示动作意义的自然倾向;而汉语则是一种偏向以动态角度叙述的语言,有一种多用动词的固有习惯。这种差异表现在以下两个方面。

首先,英汉语言的语法不同。从句子成分上来看,静态的英语表达法主要是主语、宾语及其两者的定语,而动态的汉语表达法主要是谓语和状语;从句式结构上来看,英语往往采用普通的陈述句,而汉语则倾向于使用疑问、反问句。

汉语是意合语言,动词使用频率高,恰恰是因为汉语语法是以实词(实词中名词最实)为中心,而不是以动词为中心。动词是汉语的一种"优势词",没有形态变化,可谓虚词。连动式、兼语式等是汉语呈动态的具体表现,动词(动词词组)可以充当汉语句子的各种成分,这使汉语句子中变得处处有动词，主语可以不与动词发生关系，许多词组都可以成为主语，不管是动宾、动补，还是状动结构的短语，只要在句首做了主语，都具有了名词性。可以说，汉语句法偏重动词着眼，运用大量的动词结集，根据时间顺序一一予以安排，甚至尽量省略关系词以达到动词集中、动词突出的效果。

英语语法以动词为中心，因为其形态变化是语法中的重要问题。英语是一种形合语言，每个句子都必须有一个定式动词，为了表达各种语法意义，它与句子主语要有一致关系，要受主语的支配，同时它又要支配宾语、状语和补语，况且英语里面的动词本身的各种形态变化加起来有 18 种之多。受到的制约如此之多，动词使用便不自由，在一个句子中，如果没有连词，只能使用一个定式动词作为谓语，动词使用频率自然不高。可以说，英语造句倾向于撇开时间顺序而着重于空间搭架，先搭起主语和主要动词，然后运用各种关系把有关的材料组成各种关系词结集，直接或者间接地嵌扣主语和主要动词。

其次，汉语完全没有分词，介词贫乏，而英语介词、分词丰富，英语使用介词、分词之处，汉语均用动词。英语经过几百年的变化，动词基本上保留了原来的形态变化，而名词和形容词发生的变化最大，除了名词的单复数和属格之外，其形态变化基本丧失殆尽。名词原来的格由介词来担任，如代替生格的 of，for，from，代替与格的 to，代替对格的 by，with 等。没有了格的牵绊，英语名词的使用大大自由起来。动词受到了限制，名词和介词就出来替代。如动词派生出来的名词可代替动词表达动作或状态，如：departure，failure etc.；还有介词也能表示行为或动作，如：for，against etc.。

英译汉时常常强化原文的动态色彩的过程，静态句向动态句转化，部分名词、形容词和介词词组向动词转化；而汉译英时则强化原文的静态色彩的过程，动态句向静态句转化，部分动词向名词、形容词或者介词词组转化。

以下汉语政论文本英译表述实例中不同的翻译变化说明了动态和静态之间转换的主要方式有名词化（nominalization）、动词的弱化与虚化（verb-weakening）。

一、汉语动词转译为英语名词

名词化主要指用名词（短语）来表达原来属于动词（短语）所表达的信

息，如用抽象名词来表达动作、行为、变化、状态等。名词是英语中的一种"优势词"，在语言心理和逻辑思维中大量使用名词，特别是常用抽象名词来表达动作、行为、变化、状态、品质、情感等概念。英语名词的表意功能很强，许多在汉语中用动词表达的意念，在英语里却使用了名词。英语句子中名词结构占绝对优势，英语的词形变化大大丰富了英语名词，有些动词只要在后面加上后缀就变成名词了，这样的词缀有-ance，-tion，-ship，-dom，-ment等，所以汉语政论文本的动词常常被翻译成英语名词。如以下的翻译范例。

例 1 我们党不可逆转地开启了中华民族不断发展壮大，走向伟大复兴的历史进军。Our Party launched the Chinese nation's irreversible historic march to development and great renewal.

句中用来修饰动词的副词"不可逆转"被译成形容词 irreversible，修饰随动词"走向"转译成的名词 march。这一译例把英语习惯以静态名词或名词词组为表意中心、汉语习惯以动态动词或动词词组为表意中心的英汉语言差异表现得淋漓尽致。

例 2 正视面对的考验和风险。Meet tests and risks head-on.

句中"正视"并不只是"正面看待"的意思，还具有"积极应对"的含义，应该根据英文习惯做转换，选择 meet...head-on 来表述"正视面对的……"，与原文精神实质比较吻合，同时实现了英文使用静态表达手法（补足性成分 head-on）来表现中文动态成分的意义的思维转换。

例 3 认真做好惩治和预防腐败各项工作。Deliver a good performance in preventing and punishing corruption.

"惩治和预防"的翻译调换位置后更符合英文对逻辑关系的强调，即预防在先。"认真做好"根据汉译英从动态到静态表达方式的转换规律译为 deliver a good performance，把中心意思转移到名词性成分上来。

例 4 立党为公，执政为民。The party was founded for the public good and it exercises state power for the people.

根据英语以突出名词性表意的静态语言习惯不倾向于翻译动词的特点，英译动宾结构"立党"与"执政"时，最好直接采用 The Party's mission is 的转换（"立党"之"立"无须翻译）。出于同样原因，后面的 it exercises state

power for the people 也可以翻译为 its governance is for the people。

建议整句改译为：The Party's mission is for the public good and its governance is for the people.

例 5　开弓没有回头箭。An arrow shot cannot be taken back, which means we are determined to press ahead with reform.

句中动宾结构"开弓"，翻译为 an arrow shot 后成为名词性成分为表意中心的表达方式，成功地将动态的中文"开弓"转化为静态的英文 an arrow shot，使译文的可读性增强。然而，开弓没有回头箭这个中文比喻，如只是直译，就不能将该句中的隐含意思表达出来，需要根据语境加以解释才能使意思清楚明白，所以补充 which means…。

例 6　鼓励社会办医。Encourage the development of private hospitals.

"办医"在这种语境下明确的意思是办医院等医疗实体或医疗服务机构，但由于英语是注重静态表述的语言，倾向于使用名词或名词词组进行准确性的概括，而不是使用具体的动词，所以直接采用名词词组 development of hospitals 来表述。"社会"在很多情况下实际上与政府机关、事业单位相对，所以不翻译为 society。

例 7　推进协商民主广泛、多层、制度化发展。Promote the extensive, multilevel, and institutionalized development of consultative democracy.

此句译文貌似直接转换，但实际上"发展"从中文置于主谓结构后的补语变为名词性的宾语中心词，同时把"广泛、多层、制度化"的副词功能转变为修饰中心名词 development 的三个形容词，其中隐含着汉英互译中一条基本的原理，即汉英翻译倾向于从以谓语为表意重点的汉语动态结构转换为以名词（主语或宾语）为表意重点的英语静态结构。

例 8　有贪必反，有腐必惩。Fight every corrupt phenomenon, punish every corrupt official.

动词在中文句法中十分重要，句子可以没有主语但不能没有动词，该中文例句的两个分句都由动词"有"启动，没有主语。根据英文"以静制动"的语言思维倾向，不翻译或尽量减少动词的使用，使用静态的 every 则包含了原文的意思，但前半部分翻译较为抽象，可译得更具体。

建议整句改译为:Fight every case of corruption, punish every corrupt official.

例 9 今年 1 月、2 月,电力增长 12%,却有 25 个省市拉闸限电。In the first two months of this year, power generation has increased by 12%, yet 25 provinces and municipalities experienced blackouts.

汉语喜欢用“人”做主语,句中主语省略,“拉闸限电”凸显人的动作;而英语不习惯强调人的行为特点,英译时用了名词 blackouts 表示汉语中的动词“拉闸限电”,充分体现英语强大的名词功能及静态特征。

例 10 讲党性、重品行、作表率,做社会主义道德的示范者、诚信风尚的引领者、公平正义的维护者。Urge them to observe the Party spirit and ethical standards and set good examples for the public. We should encourage Party members and officials to become paragons of socialist ethics, lead in fostering a social trend of honesty and integrity, uphold fairness and justice.

例句通过具体动词“讲”“重”“作”“做”的并列使用构成自然话语的特点,显示了中文以动词为中心的特点,翻译时对这些动词应该做概括性处理,根据不同的语境和搭配找到可以涵盖其本质意义的英文词。传统汉语“者”所构成的名词前面,一般不用多音节词或词组修饰,而句中“……者”前面使用多个字词是现代汉语框架受西方语法影响的结果,所以直接以动词短语翻译而不用带有词缀-er 或-or 的英文来翻译。“讲党性”的主体是党本身,而“做”的主体是党员,由于英语注重逻辑和逻辑主语的关系,应该分开处理。

例 11 坚决制止乱占乱用耕地,纠正随意改变农田用途的现象。We will resolutely put an end to illegal acquisition and use of farmland and rectify unauthorized changes in the use of primary farmland.

句中动词词组“乱占乱用耕地”“随意改变农田用途”翻译成 illegal acquisition and use of farmland, unauthorized changes in the use of primary farmland,符合英语名词表意为先的习惯,所以不用 to illegally acquire and use farmland 或 to change the use of primary farmland。另外,句中的“随意”不是漫不经心的意思,而是指“没经过同意,自作主张”,所以用 unauthorized 补充译

出其真正含义;"现象"是个泛化的词语,在这省略不翻译。

例 12　教育党员、干部模范实践社会主义荣辱观。Turn Party members and officials into role models in practicing socialist views on honor and disgrace.

句中"教育"的目的是"使之成为",不是传授知识,它应与后面的搭配一起来理解,所以使用 turn…into 来翻译。谓语动词词组"模范实践"显示了汉语对动词活性的追求,而英语注重名词的中心意义,用 role models in practicing 来表达。根据英语名词意义的"双向可延展性"(即不同程度的 honor 或 disgrace),由两个意义相对的单字构成中文"荣辱",只需要用一般的正向意义单词即可,所以建议删除 disgrace。

建议整句改译为:Turn Party members and officials into role models in practicing socialist views on honor.

例 13　永远热爱我们伟大的祖国。Always cherish deep love for our great country.

如果把"永远热爱"直接翻译为 always love…就显得过于平白,口语化,也不符合英语以名词为表意中心的语言思维习惯。把"热爱"翻译为 deep love 则体现英语的名词性特征,另外,love for 明确指向"对……的爱",而 love of 则可能是"……的爱",两者主客体方向不同。此句前半部分还可以表述为 Always keep the deeply cherished love。

二、英语常用形容词或弱化动词分别翻译汉语里的副词、动词

英语习惯重视现在的结果和现状涵盖过程。汉译英除了通过名词化把动词词组表示的关键意义转换成名词性的静态表达方式外,还通过形容词或动词的虚化、弱化把汉语里最常用的动词转换为缺乏动态感、动作意味最弱的 be 动词(其各种形式包括 must be, may be, should have been 等)和其他弱化动词(remain, keep, be, ensure, have, want, make, take, do 等);以及 it 或 there be 句式,使其静态意味更加明显。

比如"你妈妈叫你回去"译成 Your mother wants you back;"他来了"在英语中更倾向于翻译成 He is now here,而不是 He has come。这两个译例把"动态"比较强的动词"叫……回去"和"来了"分别转换成"动态"不强的动

词(或词组)want...back 和 is here。如以下的汉语政论文翻译例句中的形容词、虚化动词,其“动态”性不强。

例1 充分认识到知识、信息、科技的领导作用对提高生产力是很重要的。A fuller recognition of the leading role of knowledge, information and technology is essential to the increased productivity.

该句译文将修饰动词的副词“充分”转换为修饰名词的形容词比较级 fuller,汉语动词“认识”英译为名词 recognition,另外将动宾词组“提高生产力”翻译成有形容词修饰的名词词组 increased productivity,这是由汉英互译技巧中“静态”与“动态”语言思维习惯系统转换的一个非常重要的方面,体现了英语“以静制动”、汉语“以动制静”的倾向性。

例2 稳步推进利率和汇率市场化改革。Take steady steps to make interest rates and the RMB exchange rates market-based.

根据英语注重以静制动,汉语强调以动制静的这个原则,该句译文用“稳步”这个副词的形容词形式 steady 与弱化动词词组 take...steps 相结合,以达到直接静态化的效果;同样的道理,“推进”的动态意义弱化为 make...。另外,“化”和“改革”这个比较笼统的说法也做了具体的处理,符合汉英两种语言思维在具体与抽象方面的差异。

例3 准确把握我国发展的阶段性特征。We have gained a good understanding of the essential features of China's development in the current stage.

汉译英有从动态性的、动词性词语突出的汉语思维模式转向静态性的、名词性词语突出的英语思维模式的习惯,该句译文先将副词“准确”转换为形容词 good;再将动词“把握”用弱化动词 have gained+名词短语 a good understanding 来翻译。另外,“阶段性”指的是“现阶段”,“现阶段”自然就隐含了整个阶段,所以不需要逐字翻译。

例4 做实养老保险个人账户。Provide sufficient funding for personal accounts for old-age insurance.

此处的“账户”实际上是借用银行金融行业术语加强汉语丰富性的具体手法,不一定需要按照字面意思英译出来。由于中文注重动态性语言手法,多用动词性和谓语性结构表示主要意思,而英文注重静态名词性成分的意

义，所以“做实”中的“实”转为名词的修饰性成分，与funding结合构成名词词组。由于英文不像中文那样随时在各种文体中强调修辞性和具体形象，建议不译“个人”。

建议整句改译为：Provide sufficient funding for old-age insurance.

例5 深入开展法制宣传教育。Carry out intensive publicity and education about the law.

将修饰动词的副词转为静态的形容词，是政论文汉译英动态与静态互相转换的一个技巧。本例中的副词“深入”修饰动词“开展”，“深入”被译为静态的同源形容词intensive，用来修饰由动词性词组“宣传教育”译过来的英语名词词组publicity and education，完成从中文的动态到英文的静态的彻底转变。

例6 建立健全重大决策社会风险评估机制。Establish a sound mechanism for assessing potential risks (that) major policy decisions may cause to social stability.

句中“建立健全”为动词并列结构，其中“健全”转换为名词的修饰语sound，因为英文不注重用动词表达中心意义，而是注重用名词表达中心意义。原译文potential risks (that) major policy decisions may cause to稍显繁杂。

建议整句改译为：Develop a sound mechanism for assessing potential social risks in making major policy decisions.

例7 中国主张和平解决国际争端和热点问题，反对动辄诉诸武力或以武力相威胁，反对颠覆别国合法政权，反对一切形式的恐怖主义。China is committed to peaceful settlement of international disputes and hotspot issues, opposes the wanton use of force or threat to use it, opposes any foreign attempt to subvert the legitimate government of any other countries, and opposes terrorism in all its manifestations.

“主张”译为is committed to，而不是词典的释义如advocate, maintain, hold等，是因为is committed to表明句中“主张”包含“立场”和“己任”的意思，而不仅是提出一种观念或做法。把动态的“主张”译为静态的is committed to,同时实现了汉译英由动到静的语言思维模式转换,使英文更加自然。如果需要更加彻底地进行这种转换,还可以省略动词“反对”的重复使用,把原译文后半句中的动词 oppose 更换为弱化动词 stand against。另外,用 any country 翻译“别国”比复数更自然。

建议整句改译为:China is committed to peaceful settlement of international disputes and hotspot issues, stands against the wanton use of force or threat to use it, against any foreign attempt to subvert the legitimate government of any country, and against terrorism in all its manifestations.

例 8 大国争雄,将会酿造可怕的灾难。Rivalry among superpowers will be a nightmare.

该句译文用静态的 rivalry 英译动态性很强、很形象、很生动的“争雄”,而汉语动词词组“酿造可怕的灾难”用静态的系动词 be+名词 nightmare 来翻译,这是英汉互译时汉语的动态与英语的静态转换的最佳阐释。

例 9 发展中不平衡、不协调、不持续问题仍然突出。Unbalanced, uncoordinated and unsustainable development remains a big problem.

该句译文把汉语“……问题仍然突出”表述为...remains (to be) a big problem,反映了从汉语动态表述到英语静态表述的转变,虽然原文中的“突出”具有较强的动感,译文中 remains 本身就是系动词,而且表达了“仍然”的意思,语义上静态感觉较强。这一转换体现了汉语以动词或动词性短语为中心,多主谓结构;而英语以名词或名词性短语为中心,多修饰性偏正结构的语言思维差异。

例 10 调动人民积极性。Keeping the people fully motivated.

句中谓语动词“调动”具有较强的动态特征,把它翻译成 keep,做句子谓语动词,它虽然依然是动词,但动态性大大减弱,更加符合英语强调静态的习惯,体现了汉英互译中“动态与静态”的转换。Keep...motivated 比直译的 arouse the initiative of the people 更加简洁,原文动词“调动”的重要语义由于在英语中置于句末而显得更加突出。这一转换充分体现了英汉两种语言思维在语义重点表现方式上的差异,应该特别注意。

例 11 提高领导干部运用法治思维和法治方式深化改革,推动发展,化

解矛盾,维护稳定的能力。We should ensure that leading officials are guided by law in both thinking and action in their effort to deepen reform, promote development, solve problems and maintain stability.

将汉语的主动语态形式转为英语的具有静态特质的被动语态形式,是政论文汉译英动态与静态互相转换的另一个技巧。“运用法治思维和法治方式”在翻译表述中之所以有较大变化,是因为从逻辑上来看“运用……思维”比较牵强,而“运用……方式”只是一个表层形式,其实还是具体做、具体行动的意思。“运用……推动……化解……”显示了汉语思维的强调动态的特征,而英语的 are guided...反映了“以静制动”的特征。

例 12　城乡免费义务教育全面实现。Free compulsory education is now available in all urban and rural areas.

句中“全面”没有直译是遵循英语注重词语实际语用意义的原则;“实现”翻译成 is now available,强调现状。“实现”还可以译为 is now brought into effect/is now in effect/is now in practice 等。抽象的“全面”在这里有其具体含义,即全国范围内的城乡,只有使用 in all urban and all rural areas 才能表述清楚。

建议整句改译为:Free compulsory education is now available in all urban and all rural areas.

例 13　全党必须增强忧患意识,谦虚谨慎,戒骄戒躁,始终保持清醒头脑。The whole Party must be keenly aware of potential dangers, be modest and prudent, guard against arrogance and impetuosity, and remain clear-headed.

此句的谓语动词分别英译为 be, guard against, remain,静态感很强。从语义上看,“增强”的效果、结果或目的就是 keenly aware,所以直接切入本质意义进行表述而不拘泥于文字表面,同时符合从中文动态表达到英文静态表达的转换,规律;有“忧患意识”就是能意识到潜在、可能的危险或危机,所以译为 potential dangers。这个例子说明翻译不仅是语言的转换,而且包括了改变语言而解释意义,即 interpretation。

例 14　要推进科学立法、严格执法、公正司法、全民守法。We should make laws in a scientific way, enforce laws strictly, administer justice impartially, and ensure that everyone abides by the law.

由于中文重视动词使用的思维习惯致使“推进”在文件中出现频率过高,如都译为 promotion/promote,显得单调、贫乏,可以不直译。“公正”的对应词典释义主要是 just/justice,但是此句的主题就是法律和司法,司法的隐含意思是执行司法,所以使用 impartially 来修饰显得更加具体、细微。另外,由于英文并不注重动态的表述,本句中的四个动宾结构“立法、执法、司法、守法”的译文稍显死板,而且 in a scientific way 与后面的 strictly, impartially 不一致。

建议整句改译为:We must continue our efforts to make law enacted scientifically, enforced strictly, administered impartially and abided by everyone.

例 15 我们坚决反对“台独”分裂图谋。We resolutely oppose any separatist attempt for Taiwan independence.

弱势介词词组和介词充分反映英文强调名词性或静态词语成分表达主要语义的习惯,句中“我们坚决反对”的原译文,最好用弱化动词+介词词组 stand firm in opposition to...或 We stand firm against...改译;句中的“台独”必然是“分裂”,只概括翻译为 Taiwan independence 即可;“分裂”的英语释义有 separatist 和 secessionist,英译时选择 separatist,而不用 secessionist,因为 secessionist 有通过主动退出而造成分裂的含义。

建议整句改译为:We stand firm in opposition to/against any separatist attempt for Taiwan independence.

例 16 健全中央和地方财力与事权相匹配的体制。Ensure that the central and local governments have sufficient financial resources to exercise their respective powers and responsibilities.

句中“健全”是形容词做动词使用,具有汉语强调“动态表述”的传统思维习惯特征,翻译成 ensure 虽然依然是动词,但动态的意味已经明显减弱,这显然是由英汉传统思维习惯决定的。这也同样反映在后面的“匹配”一词的翻译转换中:“匹配”没有用动词直接翻译,而是包含在 respective 这个静态性质的形容词中。

例 17 引导劳动者转变就业观念。Make people have realistic expectations

about employment.

句中“引导”使用 make...have 翻译比较符合英语的思维习惯，这是因为英语是一种“主静”的语言，倾向于用名词性或与名词相关的静态方式表达主要意思，所以对动词的使用没有中文那样特别讲究具体、细致。不过，译文还可更简洁明快。

建议整句改译为：Help people set realistic job expectations.

例 18　畅通和规范群众诉求表达渠道。Maintain regular and open channels for the people to voice their demands.

句中“畅通……渠道”动态性很强，且十分具体、生动、形象，翻译时，不能忘记英语是静态语言，不刻意追求动词表意，而是强调名词性成分及其相关成分的准确使用，因此使用 maintain regular and open channels 来表述。“诉求表达”转换为 voice their demands 也是出于同样原因。

例 19　看来我们的发展，总是要在某一个阶段，抓住时机，加速搞几年，发现问题，及时加以治理，而后继续前进。It seems that we should hold on to opportunities in certain period accelerate our development for several years. As problems crop up in the process, we will solve them immediately and continue to forge ahead.

用一个静态的概念 hold on to opportunities，意为“抓住已有的机会”，来翻译汉语中的动词词组“抓住时机”，是英语重静态、汉语重动态的充分体现。

例 20　严格规范权力行使。We should ensure that strict procedures are followed in the exercise of power.

句中“严格规范”是副词+动词结构，反映汉语以动词为表意中心的特征，而英语以名词为表意中心，所以把“严格规范”翻译为 strict procedures。由于这种变化，英文需要另外补足主要表现句子语法关系的动词，所以添加 ensure...are followed。

三、汉语动词转译为英语介词或介词词组

英语里介词凸显（preposition-prominence），不仅造就英语里大量意义丰

富的弱式短语，而且介词随着灵活的不同搭配，意义会随之而异，有些英语介词是由动词转化而来的，依然具有动词特征，名词、代词、动名词、从句均可做它的宾语。使用介词短语是汉译英动态转化为静态的有效方法。政论文本里的动态属性词组可用静态的英语介词或词组来翻译，如以下译例。

例 1 创新行政管理方式。We should exercise government administration in an innovative way.

句中“创新”可用 exercise 或 innovate 来翻译，exercise 是相对普通的动词，英文注重使用普通的基本动词来组织句子，把重要的关键性语义用精确的名词或名词性词组来表达；中文则主要用动词或带状语、补语的动词性词组来表明比较重要的意思。此处选择比较一般、基本的动词 exercise 而不直接使用 innovate，就是考虑到了这种基本的语言思维差异。句中的语义中心是管理，创新是管理的方式，根据翻译的语用优先原则，原译文用介词词组 in an innovative way 翻译“创新”。如果直接选用 innovate 翻译“创新”，那么也要遵照英文的静态习惯，最好用虚化动词 make+innovate 的名词形式来翻译。

建议整句改译为：We should make innovation in government administration.

例 2 确保决策权、执行权、监督权既相互制约又相互协调。We need to make sure that decision-making, executive and oversight powers check each other and function in concert.

“相互协调”在原文中是一个带修饰成分（相互）的动词性四字结构，根据英语注重静态表现的特点转换为介词加名词 in concert。In concert 的基本意思是音乐上异口同声地，齐声地唱或演奏，如协奏（曲），而在此取其引申含义，即互相协作、和谐一致的状态。这里用静态的介词加名词翻译汉语动词性四字结构，说明英语介词的灵活性，介词后面可以接名词、代词、动名词和从句做它的宾语，因为有些介词有动词含义，如 against（反对），around（绕过）。另外，function 是必要的添加成分。此处的“权”是“权力”（power）而不是“权利”（right），英译时不可混淆。

例 3 如期全面建成小康社会。To complete the building of a moderately

prosperous society in all respects within the set timeframe.

句中的动词“建成”体现汉语以意义为中心的特点，而英语有用名词或名词性词组做表意中心的习惯，因而把“建成”译为 building，用英语动词 complete 来引导宾语，这样具有干脆利落的感觉。并列副词“如期”和“全面”分别用介词词组 within the set timeframe 和 in all respects 翻译，而不翻译为 on schedule 和 completely，是因为 schedule 主要对日常工作安排或工程项目等比较具体的事项而言，一般时间跨度相对有限，用在这里就不适宜，此处的“如期全面建成小康社会”是一个比较宏大的目标，需要较长时间，“如期”的含义是在规定的期限内；completely 指某项任务完成彻底，而此处的“全面”指全方位，全部范围。

例 4　逐步实现全体人民共同富裕。Achieve prosperity for all over time.

汉语的语言思维传统强调以动词为语义中心，如句中副词“逐步”修饰动词“实现”，副词“共同”修饰动词“富裕”，此类使用双音副词对双音动词加以修饰，从而形成常用的四字结构，加强语言的节奏，而这同实际语义上是否需要未必有直接的联系，而实际语义所强调的并不是“实现”的方式或过程，而是以这种形式显示“实现”需要时间才能达到最终目的。

英语的语言思维传统强调以名词或名词性词组为语义中心，静态的表现形式较多，因此这里不用 gradually 来修饰 achieve；用后置的介词短语 for all over time 修饰整个动宾结构 achieve prosperity；动词“富裕”译为英语名词 prosperity。这样翻译，一方面间接地反映了汉译英从动态到静态的语言思维转换；另一方面如果把“逐步实现”直接翻译为 gradually achieve...的话，会让人感觉有“一点一点地实现”的意思，并有从主观上特意放慢步伐的感觉，而这并不是原文的本意，其实它在本句子中指的是“最终”实现的意思。

例 5　多办好人民满意的教育。Run education to the satisfaction of the people.

如把整句翻译为 run education that is satisfactory to the people，其中“满意”直接翻译成 satisfactory 虽然没有问题，但这样的译文显得啰唆。像原译文用介词词组 to the satisfaction of the people 翻译“人民满意”，突出了整句的目的或目标，指出了其动态变化的方向。以介词 to 加名词的方式表述在英文中非常多见,类似的表达方式有:令人吃惊的—to one's surprise;令人沮丧的—to the dismay of;值得赞扬的—to one's credit;令人烦恼的—to one's annoyance;对……有利的—to one's advantage 等不一而足。该句的"人民满意"译为 to the heart's content of the people 可能更好。

建议整句改译为:Run education to the heart's content of the people.

例 6 中国政府邀请民主党派、工商联与无党派人士参政议政,建立廉政、勤政、务实、高效政府。Chinese government invites various democratic parties, federations of industry and commerce, and personages without party affiliation in management of state affairs so as to establish an honest, diligent, pragmatic and efficient government.

句中汉语动词性四字结构"参政议政"英译时用了介词短语 in management of state affairs,这个介词短语的静态感很强,给人的感觉是参政议政是件长此以往的事情。介词与名词一起搭配使用是政论文汉英翻译中动态、静态互相转换的有效技巧之一。

例 7 全面深化经济体制改革。Deepen economic structural reform across the board.

句中副词"全面"译为 across the board 而不译为 comprehensively,显示了英文在注重名词性短语表意的原则下首选介词引导的名词性短语的倾向;而中文则直接用副词修饰动词,显示了其动词短语为表意中心的倾向。另外,句中"体制改革"不使用 reconstruction,是因为 reconstruction 的隐含意思是原来的改革有问题,应该推倒重来,这显然不是原文要表达的意思,而原文的真正含义是按照既定改革路线进一步往前走,以便走得更好。原译文在忠实原文旨意方面欠佳。

建议整句改译为:Further streamline the economic structural reform.

例 8 解决农业、农村、农民问题,是我们全部工作的重中之重。当前,我国农业发展处于一个关键时期。Solving problems facing agriculture, rural areas and farmers is a top priority in our work. Once again, China's agriculture is in a critical period of development.

根据英汉互译"静态与动态"之间的语言思维模式转变原理,句中动词

词组“处于一个关键时期”用介词词组 in a critical period of 来翻译，削弱原文动词的动作含义，译成英文后句子的静态感增强了。

例 9　只有居安思危、勇于进取，党才能始终走在时代前列。Only by being on guard against adversity in times of peace and forging boldly ahead can the Party remain in the forefront of the times.

“居安思危”中的“居”和“思”体现中文注重动词意义的具体、形象性的特点，而英文动词习惯上采用静态意义的、概括表意的表达方式，原译文分别用介词词组 in times of peace 和动介词组 being on guard against adversity 翻译，巧妙地将中文的动态转换为英文的静态。另外，用弱化动词词组 remain in the forefront 翻译“始终走在……前列”，反映英文以静制动，而中文倚重动态表达法的差异。

第八章　语境与搭配

语境是语言环境的简称，语境是涉及范围非常广泛的概念。词语在具体语境中所特有的含义，称为词语语境义，该语境义离开具体语境便会消失。英汉语言对比研究的课题之一就是要发掘不同文化背景下的语言特征。语言特征不仅包括语言结构本身，而且包括受到来自生活模式、文化传统、思想观念等方面影响的全方位的文化习惯。语境因素是翻译研究不可忽视的，因为语境区别往往就是文化习惯的不同而带来的思维习惯及理解方式上的不同。人们借助语境，包括所提供的上下文联系和非语言环境，如社会场合情景、文化语境去理解词语的搭配，以达到交流的目的。

英汉两种语言对语境依赖的程度不一样。汉语十分依赖上下文，属于高语境语言(high context language)，对语境的依赖往往更大一些，即汉语中一些信息在长期反复的表达中和某些特定的语境结成了固定化的表达方式，成为特定语境下"知识图式"的组成部分。操汉语者在交流过程中更多考虑的是对方的感觉和面子，为避免双方在交际过程中出现尴尬，往往用迂回、婉转的方式表达自己的思想。而英语不太依赖上下文，属于低语境语言(low context language)，缺少相应的特定语境信息，操英语者习惯于直接、清晰地表达自己的想法，需要用明示的语言表达出所要进行交际的信息。

这种对于语境的依赖差异造成它们在指代、重复和省略方面的重大差异，并明显地影响具体词语的选择和安排。在翻译中，如果人们想当然或一知半解，不联系语境去理解词义，往往译错了还自以为是对的，很多词语表达方式在特定语境中或文本的前后文环境中所表示的意义与一般词典的注释意义不同,这些因语言、文化、思维的差异而不同。任何词语、语句和语段都是处在特定的词语联结关系即上下文(语言语境)中,同时又受到特定的、大于上下文的非语言语境(情景语境和文化语境)的调节。因此语境是意义的基本参照系,孤立的词语意义必然是游移不定的,只有将其放在词语联结关系中才能使语义变游移为稳定。

语境与搭配依赖造成的翻译变化在各类文本中实例特别多,汉语政论文本的汉英翻译也不例外,如以下的翻译范例。

例 1　制约科学发展的机制障碍较多。Many systemic barriers stand in the way of promoting development in a scientific way.

"发展"是个过程,可以是一个由主观促进的过程,也可以看作一个客观过程,原译文 promoting development 没把这样的过程表现出来。既然是"发展"中碰到的障碍,而"发展"是一个过程,有其轨迹或路线,所以用 stand in the way 就合情合理,把自然包含的意思做"显化"的翻译。

建议整句改译为:Many systemic barriers stand in the way of developing in a scientific way.

例 2　中国经济首先企稳回升。China's economy was the first in the world to make a turnaround/rebound/turn for the better/bottom out.

"企稳"中的"企"在广东话里是"站"的意思,企稳就是站稳,这应该是首先用于股评领域。香港的股市比大陆开放得早,比大陆发展程度高,大陆股评学习香港的股评,所以就有了"企稳"这个词。进而,其他经济领域也借用了这个词,扩展了词义,如"企稳回升",意思是经济运行停止下跌并有上涨趋势(但还未上涨),其中"回升"在此处隐含着从"低谷"开始,这是一个"转向"发展,所以可以选择使用 turn around, turn for the better。而 rebound 和 bottom out 分别是"回弹""走出低谷"的意思,大意相同。"首先"是相对世界其他经济体而言的,所以自然添加 in the world。

例 3　民族振兴 national renewal/rejuvenation/reinvigoration/revival

从历史语境上看,"民族振兴"和"民族复兴"实际上是同义词:中华民族在人类文明史上曾有过世界瞩目的辉煌,但鸦片战争以后却沦为"积弱不振"的落后国家,所以现在说"振兴"必然是"复兴",因此"振兴"不用 make...

thrive,make...prosperous 直接表达,而用有前缀 re 的相关“振兴”英语词语来翻译。

例 4 根据形势的发展变化 in response to new developments

人们常用 in accordance to/according to 翻译“根据”,这在科技类翻译中没有问题,但在比较重视积极修辞的其他文类中,则容易显得死板、不够“积极”,况且此处所要“根据”的不是条条框框,而是“未来/未知”的情况,需要动态地、随机应变地应对,所以翻译为 in response to 更符合语境。“发展变化”是意义重复的并列词组,因为发展就是一种变化,只翻译其中之一即可。

例 5 关系全局的重大问题 issues of underlying importance

此处不翻译“全局”,是因为根据语境可以默认。如果译为 issues that have a bearing on the overall situation,其中的 have a bearing on 和 related 一样只是说明有关联,但是意味不够强,而且需要补足可以默认的语境,没有必要这样翻译。

例 6 政治体制改革 reform of the political structure

该例中的“政治体制”不能使用 political system 来翻译,是因为 system 太笼统,给人的感觉是什么都要彻底改变。而此处“体制”的本意是坚持中国特色社会主义道路政治原则的特定语境中的有关内部结构性的体制,所以译为 structure 才符合语境。

例 7 全党必须更自觉地把推动经济社会发展作为深入贯彻落实科学发展观的第一要务。The whole Party must more purposefully make promoting economic and social development the top priority in applying the Scientific Outlook on Development.

句中“自觉”的基本词典释义是自己有所认识而主动去做。当人们无法考虑所有可能的语用情景和语境时,只能按照词的本义来解释为心理学范畴的 consciously,即“下意识、有意识”的意思,而这里的语用意义实际上是根据良知、责任感做事并且认真做好,所以可以确定 conscientiously 是最佳选择。

建议整句改译为:The whole Party must be more conscientious to give top priority to promoting economic and social development in applying the Scientific

Perspective on Development.

例 8　化解矛盾 solve social problems/tensions/conflicts

虽然汉英词典上“矛盾”的注释一般都用 contradiction 这个词，但实际上 contradiction 的意思是与言论、观点、意见等方面的矛盾相关的，而这里搭配的动词是“化解”而不是“解决”，显然是指实际上存在的较大的矛盾和冲突，根据大的语境可以推知是 social problems，另外用 conflicts 或 tensions 也是正确的。原译文将“化解”译为 solve 不是最佳选择，建议用 resolve 替换，因为 solve 一般用于解决一般问题或难题，如 solve a problem，solve a riddle，solve an algebra problem。而 resolve 用于解决矛盾，或者是解决大难题，更加显示问题的严重性，如 resolve a conflict/crisis，resolve differences。

建议整个词组改译为：resolve social problems/tensions/conflicts

例 9　农村扶贫标准大幅度提高。Rural poverty line was raised by a big margin.

“标准”的基本英语释义是 standard，which is something that you use in order to judge the quality of something else，其重点强调质量的衡量。此处的“扶贫标准”的“标准”其实指农村年人均收入在某特定数字线以下，比如中国 2016 年最低扶贫标准为（农民年人均纯收入）2855 元，所以可以用 line 表示，而“扶贫”不必直译，因为一旦确定 poverty line 这个标准，那么根据此处的语境，扶贫是自然需要，顺理成章，而且是政府和全社会的责任。

例 10　时代特征 the underlying trend of our times

翻译要根据语言在实际使用中随语境和搭配而产生的意思（语用意义）变化而变化。句中的“时代”永远是变化的，所以说“时代特征”的实际意思也就是时代发展变化的方向和趋势，而这正是 trend 所表示的意思，也正是这个原因“时代”才被翻译为 our times。如果直接翻译为 the characteristics of our times，虽然可以理解，但意思还没有完全到位，不如原译文译得好，因为 characteristic 指恒定的、使某人或物有别于其他的人或物的属性和特质。

例 11　中国人口的 80% 在农村，如不解决这 80% 的人的生活问题，社会就不会安定。80% of Chinese live in the countryside，if we didn't meet their daily needs，there would not be social stability.

句中“解决……的生活问题”，如译成 solve...living problem，有贬义，人们会误解为中国农村人个人生活出了问题；而其实际意义是解决农村人口的衣食住行等日常生活问题，所以应该译成 meet their daily needs。

例 12 关系群众切身利益的问题 problems affecting people's immediate interests

该例中的动词“关系”，实际上是“影响”的意思，在与“问题”搭配的这一语境里显然是不好的“影响”。但是很多中国学生在翻译“影响”时很有可能使用 influence 一词，influence 实际上是一个中性词，通常指“不易觉察到的、潜移默化的影响”，往往是间接的，通过说服或以实际行动树立榜样而对他人产生影响，它所表达的影响可以好也可以坏，而且是比较表面化的影响。另外，affect 所表达的影响一般则是不好的，而且是涉及实质性的，所以在这里与 problems 搭配更能表达原文的含义。

例 13 把文化建设摆上各级政府的重要议事日程。We will place the development of the cultural sector high on the agenda of governments of all levels.

此处的“重要议事日程（agenda）”并不是日程很重要，而是要把“文化建设”摆在重要位置，重视起来，所以“重要”翻译为 high 而不是 important，从而形成贴切的用词搭配。

例 14 我们既不走封闭僵化的老路，也不走改旗易帜的邪路。We reject both the old and rigid closed-door policy and any attempt to abandon socialism and take an erroneous path.

与句中“封闭僵化”“改旗易帜”有关的具体内容分别是“闭关自守”“改变社会主义道路”，这些内容根据语境可以理解，文字全部省略不碍事。这是因为汉语高度依赖语境，因此在语境明确的情况下经常省略很多词语，甚至句子的主语也常常省略。但是英语的思维特点不像汉语那样高度依赖语境，所以在什么方面“封闭僵化”，改换什么旗帜就应该明示。该例的翻译变化实际上是思维方式的转变。

例 15 开创全面改革开放的新局面。Usher in a new phase/open a new horizon in carrying out all-round reform and opening up.

“开创”的本义是创立,开拓创建,其常用英文表达是 create,但在此处翻译为 usher in 而不是 create,是因为在“改革开放的新局面”这个语境中,改革开放是已经进行了快 40 年的事情,一直在不断发展或深入,总体上是一个持续进行的过程,该句“开创”的意思在这里并不是从无到有的开始,而是阶段性的新发展。所以,usher in a new phase 十分贴切。另一方面,我们可以使用 open a new horizon 这个说法,原因是“改革开放”天地广阔,可以在已有的基础上不断开创新视界(new horizon)。不过,这里首选还应该是 usher in,因为重复使用 open 在英文中感觉并不好。

例 16 坚持走中国特色社会主义政治发展道路。Keep to the socialist path of making political advance with Chinese characteristics.

根据语境,句中“政治发展”是指一国政局演变轨迹,在此处不是进步的意思,因而不可按字面直接翻译为 political development,而原译文 political advance 是准确恰当的。这也是词语因特殊语境和搭配而发生语义上微妙变化的一个例子。

例 17 居民收入较快增长。Individual income has increased rapidly.

根据语境,“居民”的英译有不同的选择,当与“城市”“农村”或“住房”等搭配时,“居民”的对应译文是 resident(s);在此处没有这种语境,只能理解为具体的个体 individual,相当于英美经常使用的 citizen(s),如英语里用 senior citizens 委婉地指老年人。应该注意的是,尽管 citizens 在西方使用较多,但在中国一般只用来翻译对应的“公民”或“市民”。

例 18 主体功能区布局基本形成。The setting up of functional zones should be basically completed.

“主体功能区”的意思是各地区所具有的、代表该地区的核心功能。各个地区因为核心(主体)功能的不同,相互分工协作,共同富裕、共同发展。核心(主体)功能是由自身资源环境条件、社会经济基础所决定的,也是由更高层级的区域所赋予的。“主体功能区”是在明确的话语语境中使用的词组,整个话语应该是围绕政策目标而言的,词组中的“主体”和“功能”无须一一对应,原译文用 functional 翻译,给人的感觉是一定是发挥主要作用的,跟语境所表示的意思不符,建议改译为 priority。汉语的特点是注重词语使用的节律或节奏,很多词组的构成实际上还有用字多一点听上去才“顺”的问题(这正是一般有关中文研究的书所忽略的一个话题)。比如 He is diligent 的译文为“他勤奋”就不顺,但是译为“他很勤奋”就感觉顺些。

建议整句改译为:The setting up of priority zones should be basically completed.

例 19 以科学发展为主题,以加快转变经济发展方式为主线,是关系我国发展全局的战略抉择。Taking scientific development as the underlying guideline and accelerating the change of the growth model as a major task is a strategic choice we have made for promoting China's overall development.

英汉两种语言虽然都有不同领域转借词语的情况,但是转借的具体领域和使用的频率都会有差异。句中“以……为主题”和“以……为主线”是政治领域借用文学领域词汇与表达方式(正如政治领域也常常借用军事等别的领域词语一样),因此不做直译,应根据具体语境对“主题”和“主线”做出符合逻辑的理解和表述。“加快转变经济发展方式”中“加快”的对象不是“方式”而是“转变”,“加快”本身才是方式,所以采取直接、简洁的处理,不翻译“方式”。

例 20 鼓励社会资本投入教育。Encourage nongovernmental/private sources to invest in education.

句中“社会”一词是大词小用,是与“国家政府”相对的一个概念,所以采用 nongovernmental/private 来表达。“社会”在中文中使用较多,意义往往随语境的变化而变化,甚至意思截然相反。比如“社会车辆”是与“公有单位车辆”相对而言的私有单位或个人车辆,翻译为 non-public (service) vehicles;而“社会车辆停车(场)”是与“私有停车场”相对而言的,被译为 public parking area。但是译文句首使用了“鼓励”一词,后面使用 sources 显得搭配不严谨,因为 sources 的意思指向客观的存在,建议使用 sectors (nongovernmental/private sectors),这样可以指主观角度的投资者,搭配显得更加严谨一些。

建议整句改译为:Encourage nongovernmental/private sectors to invest in education.

例 21 总揽全局。Exercise overall leadership/command the overall situation.

句中“总揽”显然不可以理解为具体的行为，用词典中的释义来翻译，未必合理。根据语境，“总揽”在此处应该理解为“纵观并总体掌握、总体处理”的意思，对于执政党和政府来说，“掌握”和“处理”译为英文要用 leadership 和 command 这样的大词，但 exercise overall leadership 中 exercise 的含义比较具体，而 command the overall situation 中 command 的含义比较宽泛，所以搭配相应的宾语也较宽泛。

例 22 分配制度 system of income distribution

汉语高度依赖语境，并能根据语境明确理解，一般都可以省略，所以句中的“分配”是指收入分配，汉语读者不言而喻。而英语对语境依赖程度较低，对何种“分配”就必须明确说明，如英译时不说清楚，英语受众就会一头雾水，必须添加 income。另外应该认识到，distribution 本义是分发（到不同地区或对象），原译文搭配也不够严谨（英美国家并不用），因为此处“分配”指按一定的标准或规定分（东西）。

建议整个词组改译为：pay system 或 renumeration system

例 23 提高抵御国际经济风险能力。We need to become better able to defuse/stand international economic risks.

“抵御”的意思为抵抗，防御，其反义词是侵略、侵犯。在此处是军事术语借用，其基本英语释义就是 resist, fight against, anti-等，在翻译中词语的选择还要看其在具体语境中的搭配及其在搭配中的语用意义，此处“风险”是客观的，不会随人的意志（抵御）改变或消失。原译文用 defuse，就是从理性的角度考虑到“风险”实际上只能化解，人们遇到风险应该有一种像电路中的“保险丝”（fuse）那样的安全装置。

例 24 优化常委会、专委会组成人员知识和年龄结构。The age mix of the members of the standing committees and special committees of people's congresses should be improved and areas of their expertise should be widened.

句中“优化……结构”的“优化”接“知识和年龄结构”，根据语境，该句的意思是知识面须更宽，年龄层次要更合理（老中青相结合）、人员趋向年轻化。由于英文表达注重具体与精准，所以“优化”用两个不同的词来表达（improve 和 widen），这是翻译应该根据不同的词语搭配选择措辞、具体的语境灵活处理的实例。

例 25 发扬学术民主、艺术民主。Foster a democratic atmosphere in both academic research and artistic pursuit.

“发扬”的本义是发展和提倡（优良作风、传统等），根据语境，此处不是说发扬已有学术民主、艺术民主的氛围，而是要形成或加强它。根据中文“以人为本”的思维，语言组织“道法自然”，语言是根据语境而不是根据语法和形式逻辑等进行理解。句中“学术”和“艺术”活动要有民主的气氛，中国人对其中省略的意思不言而喻。“学术民主”和“艺术民主”如果按字面翻译，在逻辑意义上是讲不通的，英译时应该根据英文注重形式语法和逻辑的习惯必要地添加 atmosphere 和 pursuit，从而使意义更加清楚。这个例子说明语言翻译不仅是语言转换，而且是思维方式的转变。

例 26 反映群众呼声。Voice public concern.

“反映”原是一个物理学专业词语，指物质固有的特性，即一事物和他事物发生相互作用时，以自身的变化再现他物某些特点。此处是不同领域词汇转借，转意为 represent（再现、表现）的意思。英文虽常有借用 mirror 来表示相同的意思，但此处根据后面搭配的“呼声”翻译为 voice 而不是 reflect，represent 或 mirror，这是语境搭配所决定的变化。

例 27 提高国防动员和后备力量建设质量。We should improve the capacity for national defense mobilization and the capability of reserve forces.

句中“质量”的语用意义实际上是指“能力”或“能量”（capacity），而“质量”在这一语境下与“动员”搭配，动员只有能不能或在多大程度上能够的问题，不存在“质量”高低的问题，所以“质量”不能直接翻译为 quality，而应译为 capacity。

例 28 加强社会公德、职业道德、家庭美德、个人品德教育。Intensify education in public morality, professional ethics, family virtues, and individual integrity.

该句有四个“德”字词组，其中“德”的意义宽泛，根据不同语境/搭配可以有不同的理解。“社会公德”是人们普遍认可的道德规范(morality),即人们在社会生活中为了群体的利益而约定俗成的大家应该做什么和不应该做什么的行为规范;“职业道德”侧重更加具体的行为/工作准则(ethics),即人们在职业生活中应遵循的基本道德,或一般社会道德在职业生活中的具体体现;“家庭美德”是指好的“品德”(virtues),即人们在家庭生活中调整家庭成员间关系、处理家庭问题时所遵循的高尚的道德规范;“个人品德”是相对于个性/个人而言的品德,其主要内容是勤奋刻苦,勤俭自强,正直善良,克己奉公,见义勇为等,但此处具体理解为“廉正诚实”(integrity)。英译时根据具体情况,用四个不同的英文单词来表述“德”,显示了英汉两种语言中词语概念大小不相等同的语言现实。

例 29　人口资源环境相均衡、经济社会生态效益相统一的原则 the principle of maintaining balance between population, resources and the environment and promoting both economic, social and ecological benefits

该例中的“……相均衡”“……相统一”是目的,其隐含意思是“要使/要保持……相均衡”“要使/要保持……相统一”,英译时要添加 maintaining。另外,我们应该知道“统一”在这里的实际意义并不是 unify,而是使之“不矛盾”“不冲突”“(可以)并举、同时进行”。因此,此处使用 promoting both…就准确地表达了原文的信息。这个例子说明,词语原有的意义在具体语境下会发生变化,产生更具体的、不同的语境意义,翻译不能只用词典释义,而应该翻译出话语意义。

例 30　立德树人 fostering integrity and promoting rounded development of people

根据不同语境中的具体搭配及英语注重逻辑严密的倾向,“德”和“人”都不是 set up 或 establish 的对象,在此处,“德”指做人的根本品德,正直;“人”指全面发展的人。词组“立德树人”中的两个动词“立”和“树”意思相同,但英译时不能按照字面翻译为 set up 或 establish,此句的译文对这个四字结构的理解略显拘泥与细微,建议采用意义更宽的词语表达,并把“立”和“树”合并为一个单词。

建议整个词组改译为:cultivate noble virtues and well-rounded human development

例 31 实现中华民族的伟大复兴。Achieve the great renewal of the Chinese nation.

可用 revival，renaissance，rebirth，rejuvenation，renewal 等表达在不同语境下的“复兴”，但这些英语词语有细微差异：revival 有走出衰落重新活跃起来、使再具生机的含义；renaissance 从古代西方的文艺复兴而来，所以习惯上主要用来说文化和文学艺术，而不包括经济、政治、军事等；rebirth 表示“重生”，有“脱胎换骨”的含义。虽然在此处可以用 rejuvenation，但从感觉上来说 rejuvenation 其实是使之年轻而显得有活力、重新焕发出青春的意思，并不一定就是兴旺、发达和昌盛；考虑到中国是一个具有悠久历史的国家，相比之下 renewal 更为恰当，因为 renewal 的意思是焕然一新。

例 32 方便价廉的公共卫生服务 convenient and affordable public health services

该例中的“卫生”有狭义和广义之分。狭义指日常生活的环境或个人的清洁卫生；广义指集体的生活卫生和生产卫生的总称。根据其语境，此处“卫生”实际上是广义的，指集体的医疗卫生，因而不能用 hygiene，而用 health 来翻译。另外，汉语中“价廉的”不一定是指价格很低，而有时是指“物超所值”或“很划算的”，不能直接译为 cheap，因为英语读者对 cheap 会产生“低下”“不高”的贬义联想，所以采用变通方式转译为 affordable。

例 33 持续培育当代革命军人核心价值观，大力发展先进军事文化，永葆人民军队性质、本色、作风。We should constantly cultivate the core values of contemporary revolutionary service personnel, vigorously promote advanced military culture, and preserve the nature and the character of the military as the people's army.

“持续”的英语释义是 continue to，constantly 等。该句的“持续”指不间断地连续，强调无缝连接地连续，如译成 continue to，容易给人造成前面可能有中断的感觉；“持续”译为 constantly 较好，因为 constantly 强调永恒或连续的时间很长。另外，如将“军人”翻译为 soldier 不符合语境，因为 soldier 主要指士兵；而此处谈论军队的话题下的“军人”，是指在军队服役的人员，含义更广，所以用 service personnel 翻译“军人”才符合语境。“永葆”的“永”不翻译，因 preserve 本身就含有 always 的意思；不翻译“作风”也是因为它是由“性质、本色”所决定的，语义在下一个层次，已经被涵盖。

例 34　坚持围绕中心，服务大局。They should gear their work towards the central task of economic development and act in the overall interests of the country.

根据该句语境，汉语读者明白“围绕中心”的“中心”就是经济建设中心，即围绕经济、改革、社会发展与民生工作；“服务大局”的“大局”指的是国家利益，即和谐稳定的政治局面。英译时要指出“中心”和“大局”的具体内容，并做出必要补充（补出 work 和 central task），使意思明确具体，这是英文对名词概念的具体性和准确性要求所决定的变化。同时把“围绕”表述为更加直接搭配的 gear...towards，gear...towards...和 act in...在话语方式上一致。

例 35　商谈建立两岸军事安全互信机制，稳定台海局势。We hope the two sides will discuss the establishment of a cross-Straits military security confidence-building mechanism to maintain stability in cross-Straits relations.

如果将“稳定台海局势”直译为 stabilize the situation...，就会给人造成台海目前局势很糟糕的感觉，但现实并非如此，而是局势平稳，须保持这样的状态，所以译为 maintain stability in...，其中 maintain 的英语释义是 cause sth. to continue，keep sth. in existence at the same level，这就跟语境相符。

例 36　下决心改进文风会风。We should make determined efforts to improve the style of writing and the conduct of meetings.

句中两个“风”字因其搭配对象不同而具有不同的语境意义。“文风”的基本意思是文章和讲话的风格与风尚，在政论话题下，“文风”是学风、党风在语言、文字上的表现，是一个人立场观点、思想作风、语文修养的综合反映，也体现着一个人政治责任感、社会责任感和思想品德的高低，在不同的历史时期文风有着不同的表现。“文风”的原译文含义过广。“会风”是工作作风的一项重要内容和具体体现，反映着一个地方、部门、单位的精神面貌、文明程度和整体素质，直接关系着会议质量和会议精神的贯彻落实。原译文 the conduct of meetings 充分体现其具体性。虽然英文注重合二为一，但此处应该逐一翻译其实质性意义。

建议整句改译为：We should make determined efforts to improve the style of writing concerned with political affairs and the conduct of meetings.

例 37 创新党建工作。Promote Party building in an innovative way.

句中"创新"的基本意思是指以现有的思维模式提出有别于常规或常人思路的见解为导向，利用在特定的环境中现有的知识和物质，本着理想化需要或为满足社会需求，而改进或创造新的事物、方法、元素、路径、环境，并能获得一定有益效果的行为。根据语境，此处的"创新"是指在工作方法方式上的创新，实际上省略"方法/方式"，应译为 in an innovative way；而不能从字面理解为标新立异创造新的内容，并误译为 make innovations in。

例 38 深化党代会常任制试点。Proceed with trials of the system of Party congresses with a fixed term.

句中"深化"的本来意思为向更深的阶段发展，是当代时政话语中经常出现的动词之一，但不能一味地直译为 deepen，而要对具体语境与搭配加以考虑。"党代会常任制"是党的代表大会常任制的简称，指每次党的代表大会完成换届选举任务后，在党的委员会任期内每年举行一次代表会议，行使党的代表大会的职权。这期间，党代表的资格继续有效，不再重新进行选举，即其任期不变，所以添加解释性的翻译 with a fixed term。这里的对象是"试点"，是一项工作，"深化"意味着继续往下进行，即在更多的地方实行党代会常任制，所以使用 proceed with 来翻译。

例 39 党章在党的政治生活中发挥着重要作用。The Party Constitution has played an important role in guiding the Party's performance of its political functions.

句中"生活"的基本英语释义是 life，在此处不能译为很泛化的词语 life，因为根据该句的语境和搭配，"生活"指具体的活动，英译为 political functions 或 activities 很合适。

例 40 推动我国由人才大国迈向人才强国。Turn China from a country with large human resources into one with a huge pool of high-caliber personnel.

"迈向"的本义是大踏步前进，此处为跨语域借用性用法，不宜直译，根据语境,“由……迈向”的实际意思为“从……变为……”,用 turn...into...来翻译恰当。此处的“强国”不能译为 strong country,根据语境与搭配,应理解为具有大量高级人才的国家,所以表述为 a country with a huge pool of high-caliber personnel。

例 41　扩大党组织和党的工作覆盖面,充分发挥推动发展、服务群众、凝聚人心、促进和谐的作用。We should expand the coverage of Party organizations and Party work, fully leverage the role of community-level Party organizations in enhancing development, serving the people, rallying public support and promoting harmony.

根据该句的语境,其总主题“发挥”并不是党中央直接“发挥”,而是让基层党组织“发挥”,译为 leverage 就是表明要像杠杆一样让基层党组织发挥作用。Community-level Party organizations 是根据前文和语境所做的补充,从而让话语意思更加连贯。“凝聚”是物理学词汇借用,应该根据搭配直接翻译,“凝聚人心”中的“人心”其实就是指大众的支持。另外,根据英文少重复的原则,原译文可减少 Party 的使用。

建议整句改译为:We should expand the coverage of Party organizations and their performance, fully leverage the role of community-level Party organizations in enhancing development, serving the people, rallying public support and promoting harmony.

例 42　我们坚持把中国人民利益和各国人民共同利益结合起来。We will keep in mind both the interests of the Chinese people and the common interests of the people of other countries.

此处的“结合”如翻译成 combine 不合适,因为根据具体语境与搭配,这里的“结合”的意思是“同时考虑到”,所以翻译为 keep in mind both...。当然,该译文中 both 的位置后移更符合英语的简约风格。

建议整句改译为:We will keep in mind the interests of both the Chinese people and the people of other countries.

例 43　进入全面建成小康社会的决定性阶段。We have entered the decisive stage of completing the building of a moderately prosperous society in all respects.

句中“建成”可以英译为 establish 或 building，但根据该句特定语境，与 establish 比较，使用 complete the building 更佳，因为 building 具有时间上的延续性和“任重道远，前途无限”的感觉，因而也与“阶段性”语义上更加相应。

例 44 认真处理违反纪律行为。Take stern actions against violations of Party discipline.

句中“认真”的基本意思是处理事情不马虎，以严肃的态度或心情对待，此处“认真”不能简单按照其基本意思翻译为 seriously，因为根据此处的语境和搭配，是“严厉”的意思，所以选择用 stern 来翻译；“处理”在这里也是指采取实际行动对付，所以表述为 take stern actions against。另外，此句中的“纪律”是指党的纪律，英译为 Party discipline。

例 45 保持党章总体稳定。Keep the overall framework of the Party Constitution unchanged.

根据该句语境，“保持”和“稳定”都是保持不变的意思，这是中文倾向于使用语言节奏完整的表达法。这种意思用一个 keep 已经可以表达，所以不再翻译“稳定”。“党章总体”是指党章的思想、文字表述的总体概况、框架，用 overall framework 来翻译。

例 46 做到既有金山银山又有绿水青山。Mountains of gold and silver are not good enough. We should also have mountains of forests and clear rivers.

句中“有金山银山”是一个比喻，根据语境，它的意思是发展经济、创造财富；“有绿水青山”指的是要保护好环境从而使环境优美、不受污染，原译文忠实地译出原句，但是不够简洁明快，建议根据英文倾向于集约式表达的习惯进行改动，其中 rivers 改为 waters 更加全面，因为除了自然的河流（很难随意改变）还有天然或人工的湖泊、水渠、水库等。

建议整句改译为：Mountains of gold and silver should be accompanied by mountains of forests and clear waters。

例 47 政府部门要加大减少和下放行政审批事项工作力度，加快进度，科学评估，成熟一批推出一批。All government departments must quicken the pace of reducing or devolving power of approval on the basis of proper evaluation.

Announcements should be made when a group of cases of such power can be reduced or devolved.

汉语读者根据语境可以意会句中“下放”后省略了“权力”，而且“一批”之后也同样省略了“（管理）机构（或单位）”，但是英语有比较严谨的外在语法与逻辑形式系统，不像汉语那样只要能意会就可以省略，所以翻译表述中添加了 power。另外，原文使用“力度”是个正式表达时的框架，可以省略；“推出”也是汉语思维注重具体形象的动词表达方式，其实是“做决定”的词义泛化用法，应该找到具体、精准的英语词语来表达。

例 48　把统筹兼顾作为落实科学发展观的根本方法。Take a holistic/integrated approach as the fundamental way of applying the Scientific Outlook on Development.

句中“统筹兼顾”是并列结构的四字词组，“统筹”和“兼顾”的意思一样，四字并列是为了汉语特有的语言节律。在汉译英时尽可能用一个或两个英语词来表达，具体选择一个还是两个，视此处的并列结构“统筹”和“兼顾”的关系而定，其实它们具有直接相通之处，前者可以包括后者的意思，因此尽可能选择一个词来表示。Holistic 的意思是 emphasizing the importance of the whole and the interdependence of its parts，而 integrate 的意思是 to make into a whole by bringing all parts together，所以两个词都可以选用。另外，“统筹”有时候根据语境强调的是在一个整体中各个方面的关系，所以十八大文件中也有将其翻译为 balance/coordinate relations between…的。“落实”在原文中搭配的是“方法”，所以就是实际运用这个方法的意思，使用 applying 正好。

例 49　基本公共服务均等化程度明显提高。Access to basic public services has become much more equitable.

句中“……程度明显提高”的“程度”有高低或多少的区别，“明显”在别的语境可以用 considerably，remarkably 表述，但在此处选择 much more 更符合逻辑的搭配，这是很灵活的自然转换。此句译文涉及翻译中的“显化”与“隐化”的问题：应该理解把隐含在中文里的“享受服务的可及途径”用 access 显化地翻译出来，不是随意添加，而是从英文注重逻辑性、客观性和具体性的角度考虑所做的细化的翻译。

例 50 战胜一系列重大挑战。Successfully met（tackled）major challenges.

“战胜”的英语释义为 win，win 是“赢得”的意思，只能搭配 battle，fight，game，prize 等对象，“赢得挑战”就讲不通。“战胜挑战”的英译可以用 win，但必须加上 against，当然也可用其他动词，比如 win the battle/fight against challenges 和 successfully dealt with the challenges。除了 win the battle against 外，tackle，deal with 比 meet 的主动意味强，应该更适宜一些。另外，原文中的“一系列”没有复数词形变化，因为中英文在单复数表达上有差异：汉语可用像“一系列”这样的数量词组表示不确定的数量关系，而英语将其中的名词变为复数即可表达模糊的数量关系，如译为 a series of 或 a chain of 没有必要，该译例用 challenges 翻译即可。

例 51 现在触动利益往往比触及灵魂还难。Taking away some of their vested interests is more difficult than changing their way of thinking.

句中“现在”在英译时不能简单地使用其基本英语释义 now，因为其隐含意思是在目前经济发展、改革急需继续深化的情况下，所以建议添加 under present conditions。“触动”的宾语“利益”指的是物质利益，很具体；而“触及”的宾语“灵魂”是抽象的东西。由于中文注重用具体性与生动性较强的动词表达，其语用意义显然有所延伸，应该根据语境翻译实质性意思，所以“触动”与“触及”分别表述为 taking away 和 changing。

例 52 健全以职工代表大会为基本形式的企业事业单位民主管理制度。Improve the democratic management system in enterprises and public institutions with employees' congress as its basic form.

句中“健全”是动词，意思是使完善，此处不能按字面意思译为 perfect，而要译为 improve，因为“健全”实际上也是一个相对的概念，尽善尽美只是一个理想，一个终极目标，而对制度是否健全的客观的、一成不变的衡量标准也难以确保其完善性。

例 53 我们要努力促进两岸同胞团结奋斗。We should encourage the compatriots on both sides to jointly pursue a common endeavor.

句中“促进”的基本意思是推动使向前发展。根据语境，“促进”的具体表现是“鼓励”而不是“通过行政手段去达成”，“促进”转译为 encourage 就很贴切。词组“团结奋斗”体现了中文注重四字词组构成的语言节奏感的特点。句中省略了“奋斗”的目标，根据语境或上下文可了解到省略的目标是建设中华民族的共同家园，所以英译时采取变通手法，用 pursue a common endeavor 来表述。

例 54　世情、国情、党情 global, national and Party conditions

此处的“世情”不是世故人情的意思，而是世界情况的简化说法，因此不使用 world 而用 global，这样就与 national 的语言形式取得一致，从而在这个语境中更具有文体风格的统一性。

例 55　对农民采取多予少取放活的方针。We should give more to farmers and take less from them and lift restrictions over their business activities.

句中的“多予少取放活”，是党中央对新时期“三农”工作提出的重要方针，根据不同动词的对象选择适当的对象词搭配，其中的“放活”是指未来农村综合配套改革的重点和难点是释放农民的主体性、创造力，不断激发农村生机活力。因此英译时灵活处理为 lift restrictions，而且之后添加了具体解释性文字。这里的“采取……方针”是一个汉语官方正式书面文体采用的框架形式，框架中包含的内容才是语义重点。所以，根据当代英文追求“开门见山”，强调直接、简洁的文体风格，不翻译这种框架形式。

例 56　作出全面部署（总体布局）。Adopt a comprehensive/an overall plan。

“部署”的意思就是计划，虽然一般做计划都可以译为 make a plan，但在此处不这样翻译，因为 make a plan 并不意味着立即实施计划；“部署”被译为 adopt a plan，明显意味着立即实施。

例 57　培育开放性经济发展新优势。Create new favorable conditions for developing the open economy.

如把句中“优势”英译为 advantages，其意思是一种既定性的前提，或者有优势或者没有，而不是想有就可以有，就可以发展或培养的。而根据语境，句中“优势”是可以发展、培养的有利条件（favorable conditions），这样就把“优势”具体化了，比较容易理解和接受。选择 favorable conditions 来表述，“培育”就不宜用 cultivate/nurture 来翻译，用 create 比 cultivate/nurture 搭配更恰当。

例 58 坚持把社会效益放在首位，社会效益和经济效益相统一。Ensure both social effect and economic benefits, with priority on social effect.

该句的“效益”因搭配不同须采取不同的措辞，“社会效益”重在潜在影响力，更长远；而“经济效益”对人们的生活有直接影响。这两个语义单元，有重有轻，分别用 effect 和 benefit 表述。根据英语倾向于使用“一元化”结构（一个包含主次成分的句子）的特点，翻译时可将两者合并起来，变为更紧密的集约性表达。

建议整句改译为：Keep giving priority to social effect in securing both social and economic benefits.

例 59 推进马克思主义中国化、时代化、大众化。Adapt Marxism to China's conditions in keeping up with the times and increase its appeal to the people.

句中“中国化”“时代化”与“大众化”属于并列关系，但由于有关“化”字词组在中国使用频率远远高于英语词尾-ise/-ize 的情况，实际用法更广，不可不加思考地回译成-ise/-ize。其中的三个“化”，其意义层次不同，需要根据具体的搭配对象来做具体表述：“中国化”是使马克思主义与中国的情况相结合的意思，所以表述为 adapt Marxism to China's conditions；后两者是要使其适应时代发展变化并能对人民大众产生感召力的意思。从语义关系看三个“化”字词组的重要性，“中国化”最重要，后两者可以说是方式，具体化。

建议整句改译为：Adapt Marxism to China's conditions in keeping up with the times and make it popular with the people.

例 60 建立公共资源出让收益合理共享机制。Establish a mechanism for equitable sharing of proceeds from public resources transfers.

译者首先想到句中“收益”的英语对应词是 benefit 或 profit。但此处的“收益”前面有“公共资源”的搭配限定，所以选择 proceeds 这个专门表示从公共事业项目或集资、筹资等途径获得的“收益”的词来表达。

例 61　前所未有的机遇和挑战 unprecedented opportunities and challenges unknown before

该例“前所未有”修饰的两个名词是“机遇”和“挑战”，当修饰“机遇”(opportunities)时，它具有时间性指向，意味时机适宜，就译为也具有时间性指向的词 unprecedented 与之搭配；当修饰“挑战”(challenges)时，它则自然指向“能否接受、应对”这个问题，所以用 unknown 搭配。该译例说明同一个词所搭配的词语不同，同一词就应译成不同的英文。

例 62　资源环境约束加剧。Resources and environmental constraints have become more serious.

句中“加剧”的英语释义一般是 exacerbate, aggravate, intensify 等，exacerbate 稍有生僻感、不够通俗，aggravate 和 intensify 一般搭配的应该是一个很明显带有否定意思的词(比如 illness, poverty)，从语义搭配上看这些词典释义在这里并不很合适。句中采用 have become more serious 来翻译，但这个译法口语文体比较明显，且没把“这种状况还没得以改善”体现出来。

建议整句改译为：Resources and environmental constraints are increasingly serious.

例 63　激发各类市场主体发展活力。Fire all types of market participants with new vigor for development.

“激发”一词根据不同情况有多种译法，如 inspire, arouse, ignite, light up, enkindle, trigger off 等。但是使用不同词语需要考虑后面相应的搭配(不一定用 with)。相比之下 fire 最简单、通俗具体，比较正式的可以直接用 inspire 这个词。“主体”这个词比较笼统，故做具体化处理翻译为 participants。

例 64　构建地方税体系。Institute local tax system.

句中“构建”的英语释义可能是 build, establish, constitute 或 institute 等。此处不选择 build，是因为它不涉及具体构造或结构，只是“(逐渐)建设”“(逐渐)建起”的意思；不选 establish 是同样的道理，而且这个词不含“逐渐/逐步”的意味；constitute 的构词中有一个 con(共)，但实际上反而具有强调整体中一部分的含义，即作为一部分来构建整体，其含义是委员会等的建立，不符合语境；选择用 institute 翻译“构建”，因为它的含义是组织、结构如机构、学院等的整体构造和建设。

例 65 促进基本公共服务均等化的公共财政体系。Improve the public finance system to ensure equal access to basic public services.

如句中"促进"被译为 promote,它往往需要一个具有发展、变化意义的搭配词,如常见的词组"促进……的发展",而本句的搭配的对象是"体系"而不是"发展",所以英译"促进"不用 promote,而用 improve,improve 可以直接搭配表示静态(状态)的"体系"一词。另外"体系"如用 system 表述,稍显空泛,用 services 就十分具体。

例 66 应对外部经济风险冲击。Defuse/stand external economic risks.

人们一般选择 tackle 或 deal with 来翻译句中的"应对",但根据语境及"风险"的搭配需要,在此处不能用 tackle 或 deal with 来翻译"应对",因为 tackle 更有针对性,强调问题棘手,deal with 有点对付、应付的意思(同时强调交涉的过程)。句中"风险"是能否化解或者顶住的问题,可用 defuse 或 stand against 来翻译。Defuse 是像保险丝一样发挥排除风险的作用,在这里很合适;stand 是中国学习者可能会回避使用的一个词,原因是在学习英语的过程中很容易受到语法概念的束缚,总觉得这是一个不及物动词,其实,stand 也是及物动词,表示抵抗、耐得住。在语言实际运用中,名词、动词、及物、不及物等常有词类变化现象。

例 67 牢牢把握扩大内需这一战略基点。We should firmly maintain the strategic focus of boosting domestic demand.

中文"把握"在政论文本中,是一个使用频率非常高的词汇,常常使用不同的英语词语来翻译,具体选择主要由搭配决定。例如"把握……特征"(obtain/secure a good understanding of...),"把握……规律"(master the laws of...),"把握……要求"(respond to the calls of.../have a firm grasp of...),"把握中国国情"(bear in mind the reality of China),"把握机遇"(seize the opportunities),等等。此句的"把握"选用 maintain 来翻译,是因为此处隐含"坚持……基点"的意思。由此可见,在语言使用中有些表面上看比较具体、一般的词语的意思具有很大的伸缩性,根据具体的搭配可能变化很大,需要特别注意灵活处理。

例 68 有条件的地方可探索省直接管理县(市)改革。Experiment with the reform to place counties and county-level cities directly under the jurisdiction of provincial governments where conditions permit.

"探索"的基本英语词典释义是 explore,意思是研究未知事物的精神,或对事物进行搜查的行为,或多方寻求答案的过程。而句中"探索"的具体含义实际上是"尝试",所以该译例不用 explore 而用 experiment with 来翻译就更加细致入微,直接表述了"探索"的形式和内容。Explore 的搭配词一般涉及"领域""可能性"等方面,与调查、研究、发现有关,而没有"尝试"的意味。

例 69 增强全民族文化创造活力。Inspire the cultural creativity of the whole nation.

"增强"一般被译为 enhance 或 strengthen,但此处具体搭配的对象是"文化创造活力",而这种创造活力很抽象,其有或无是根本问题,大小或强弱实际上不是关键,也难以具体衡量,所以改用 inspire 来表述,搭配更加精准,意义更加明确。

例 70 释放居民消费潜力。Unleash the potential of individual (residents) consumption.

"释放"的基本英语释义是 release,但是能与 release 自然搭配的宾语一般为"新闻""图书""信号""消息"等。而"释放潜力"的"潜力"与这类词语不同,它是在消除限制条件下可以自然得到发挥的力量,所以应该根据与之相应的"释放"来分析,此处的"潜力"能不能发挥要看能不能去除对其制约的条件,采用 unleash 翻译"释放"更为恰当,因为 unleash 就是消除这种条件,解除……的束缚,从而使其得以发挥。

例 71 开创社会和谐人人有责、和谐社会人人共享的生动局面。Foster a dynamic environment in which everyone contributes to social harmony and benefits from a harmonious society.

句中"开创……局面"是一个相对约定俗成的搭配词组,但如果直译为 initiate/start/begin a situation/environment…,会显得词语搭配不很自然,因为句中的"局面"不是要从无到有地开创,而是开创一个使之更好的局面,所以需要重新考虑这个词组的变通译法。译为 foster an environment,其搭配相对比较自然，当然也可译为 open up a new situation/horizon。另外，结尾处建议不再用意义重复的 harmonious society，而改用代词 it。

建议整句改译为：Foster a dynamic environment in which everyone contributes to a harmonious society and benefits from it.

例 72 密切人民往来，融洽同胞感情。Increase people-to-people contacts to cultivate mutual goodwill.

句中“感情”一词就其本义来说，准确的搭配应该是个人与个人之间的，而这里是一种扩大、延伸的用法，说的是“人民”之间的“感情”，其内涵还是相互之间的良好意愿，“感情”在此处属于小词大用，无论使用 affection 或 good feeling 意义都显得过窄，所以表述为 goodwill。这是根据语境在词语意义延伸与扩大的情况下翻译变通的一个例子。

例 73 营造劳动光荣、创造伟大的社会氛围。Create a social atmosphere in which working is honored and creation is lauded.

句中“营造”与“创造”意义有所区别，“营造”最早是一个建筑学概念的词语，指的是古代建筑的施工建设，现在主要用于一种抽象的事物的构造；“创造”是指将两个以上的概念或事物按一定方式联系起来，以达到某种目的的行为。但该译例将它们翻译为 create 显得搭配不严谨，原因是其语义上重在结果而不是逐渐“营造”，而“社会氛围”有个逐渐形成的过程。这可能是译者担心 build 和 atmosphere 搭配不当，其实 build 虽然本义是物质性的“建造”，但用法比较广泛，可以延伸、借用，直译没有问题。“营造”还可以译为 foster。“劳动”如果直译为 labor 则显得意义过窄，主要限于体力劳动，所以用 work 表述是正确的。另外，atmosphere 和 ambience 是同义词，但后者更有褒义倾向，所以也建议采用后者。

建议整句改译为：Foster a social ambience in which work is honored and creation is lauded.

例 74 改进党的领导方式和执政方式。Improve the way in which the Party exercises leadership and governance.

在句中特定语境中，两个“方式”不宜直接翻译为 style，原因是 style（风格）含义更广，更多样化，此处的“方式”是更具体的“风格”，对于“改进”来说，实际上搭配不当，所以用 way 翻译“方式”合适。

例 75　培养德智体美全面发展的社会主义建设者和接班人。Train participants of and successors to the socialist cause who develop in an all-around way morally, intellectually, physically and aesthetically.

句中“建设者”不能译为 builders，因为 builder 的含义重在“对工程等进行建设的人”，根据英文思维实际上与“建设”并不严格搭配；而此处“建设者”所建设的是“社会主义”事业，事业只能参与其中并做出贡献，所以译为 participants 才合适。“培养”也是中文中使用频率较高的一个词，其英语释义有 train, educate 及 cultivate 等。此处建议直接使用 educate 而不用 train 及 cultivate 来翻译“培养”，因为 train 过于具体化，主要是对专项技能而言的，cultivate 在很多情况下培养的是抽象的东西。另外，morally, intellectually, physically and aesthetically 显得过于死板，建议改用介词词组。

建议整句改译为：Educate participants of and successors to the socialist cause who are of moral integrity, intellectuality, physical strength and esthetic values.

例 76　支持海外侨胞关心和参与祖国现代化建设。Support the overseas Chinese in endorsing and participating in China's modernization endeavors.

句中“支持……关心”实际上意义搭配并不严格，因为“关心”只是一个表示心理活动的词，而此处“关心”的实际含义应该是更深入一层的体现“关心”的具体行为或做法，所以不能直译为 caring about。此处采取变通的方式表述为 endorse，就是实际的行为或做法，也与后面的 participate 保持一致。

例 77　调节过高收入，取缔非法收入。Adjust excessively high income, and prohibit illicit income.

“调节”的英语释义有 adjust, regulate 等，在此处用 adjust 而不是用 regulate 来翻译，原因是 adjust 侧重于灵活的微调使得更合乎现实需求，指具体的，有关高低、大小、尺度、数量的变化；而 regulate 是指按照某种已经存在的规则朝着特定目标调整，侧重有系统的、总体上的或政策性、法律性的“调节”。这里“调节”的对象是具体的“收入”，所以选择 adjust 是恰当的搭配。此外，原译文将“取缔”翻译为 prohibit，这与 income 搭配稍嫌生硬，可以考虑用 abolish 来翻译。Illicit 的字面意思是“不正当的，非法的”，它还有“秘密”的隐含意义，但此处的“非法收入”除了有获得收入者的不正当行为，也是由于缺乏政策调节而造成的，所以建议使用 illegal 这个概括性更强的词取代更好。

建议整句改译为：Adjust excessively high income, and abolish illegal income.

例 78 保持战略定力。Maintain strategic focus/keep to our strategic goals.

句中“定力”的字面意思是 composure，即冷静且能自我控制的状态。但是，根据前面所搭配的修饰语“战略”来看，直接说 strategic composure 意思还不够清楚。将“战略”与“定力”两者联系起来，应该理解为在冷静、自控的状态下保持战略重点或目标不变，否则“定力”就落到空处而难以把握。实际上，动词 maintain 或 keep，都有通过主观控制使某种状态维持下去或某事物维持原状的含义，本身已经以不同的方式包含了使用“定力”的目的，“定力”一词不必翻译。

例 79 拓展和深化军事斗争准备。Expand and intensify military preparedness.

“深化”的英语释义是 deepen, intensify 等，但 deepen 仍显口语化色彩偏强，“准备”并不是程度深浅的问题，“深化”与“准备”搭配也不十分严密；而 intensify 的意思是使增强，加剧，所以使用 intensify 来表述才合适。另外，“准备”的英译可从 preparedness 和 preparation 中挑选，preparation 意为“筹备、筹划”，更有主动意味，让人怀疑“好战”，而 preparedness 则是客观上已经形成的（应该形成的）状态，暗含“有准备、已经准备迎战”的意蕴，而不是准备发动战争。

例 80 合作共赢，就是要倡导人类命运共同体意识。In promoting mutually beneficial cooperation, we should raise awareness about human beings sharing a community of common destiny.

句中“倡导”不译为其基本英语释义 advocate，是因为这里所搭配的对象词不是一种做法或观点，而是“意识”，中文可以搭配是因为中文有意会的倾向，但英文这样搭配就显得不严谨，译为 promote 才合适。“人类命运共同

体"的原译文中 sharing 似无必要,建议不用。

建议整句改译为:In promoting mutually beneficial cooperation, we should raise awareness about human beings as a community of common destiny.

例 81　规范收入分配秩序。Improve the way in which income is distributed.

句中"规范"的英文释义一般是 standardize 或 normalize,但此处不这样翻译是因为这两个词所搭配的对象是"秩序",而对"收入分配"也难以像改革前那样进行"一刀切"式的"规范"(干多干少一个样,干好干坏一个样),英语读者难以理解和接受。"分配秩序"中的"秩序"也不是 order 表示的意思,这里的"秩序"是"体系""制度""规则"的意思;"分配"的搭配是"收入",如直接译为 distribute (分发、分配到不同区域或对象)也有明显问题。

建议整句改译为:Institutionalize the system of income and work evaluation.

例 82　关心和支持中国现代化建设的外国朋友 foreign friends who view favorably and support China's modernization drive

该例中的"关心"如被翻译成 care 或 concern,在此处不合适,因为 care 或 concern 指的是心理状态,一般所涉及的对象未必是乐观的,比如 It's a long walk, I care about your leg 可能有你腿脚状态不好的含义;They don't care the high cost 这句话隐含他们不在乎别人批评其不关心成本。但根据语境,在此处"关心"隐含的意思是"看好并支持",是一种有实际行动表现的关心,即对中国建设持乐观态度,选择 view favorably/show an understanding for,则把"关心"的意思落到了实处,避免了隐含的不乐观联想。

例 83　实现基础养老金全国统筹。Place basic pensions under unified national planning.

"实现"的英语基本释义是 realize,这是汉语政论文中使用频率较高的一个词,如直译其基本释义,就会在英文中造成十分单调、大而空的不良感觉,因为 realize 大多接抽象的大词,如句子"The girl finally realized her dream of becoming an actress(那个女孩当演员的梦想终于实现了)"。根据句中具体情况,要实现的是具体、短期内可做到的任务,所以进行变通翻译,此处与暗含"计划"之意的搭配对象"统筹"一起处理为意思具体明确的 place...under national planning,“统筹”的原译文 unified national planning 稍嫌生硬,且重复,建议去掉 unified,直接译为 national planning。

建议整句改译为:Place basic pensions under national planning.

例 84 始终保持惩治腐败高压态势。Maintain a tough position in cracking down on corruption at all times.

句中“高压”是一个气象术语,是高气压的简称,基本英语释义为 high pressure。“高压”的引申意思是用强权压制和迫害,在此处其实际含义是“强硬”,从英语思维的角度来看,如果使用 high pressure 翻译“高压”,那么和“态势”放在一起就搭配不严谨,以致无法理解,所以根据具体语境选择 tough position 来翻译才搭配合理。

例 85 回答了建设什么样的社会主义的根本问题。It has addressed/answered the fundamental issue of what kind of socialism to build.

虽然我们一般首先想到“回答……问题”的英译是 answer the question of…,这种译法没有问题,完全可以使用,但不符合政论文语境,因为它是最普通的一般性生活语言,正式文体价值比较低。不同的措辞有不同的文体价值,此处原译文选择 address the issue of…才合适,因为句子语境是回答严肃的政治问题,文体的正式程度高,address the issue of…就是明显的正式文体语言[也常用在法庭辩论中,如“He addressed his remarks to the lawyers in the audience(他对听众中的律师们讲话)”],显得十分严肃,因此 address the issue of…用在这里来说“回答……问题”就恰如其分。

例 86 我们要忠诚于宪法,忠实于人民。We should abide by the Constitution and be loyal to the people.

“忠诚”与“忠实”基本意思相近,但此处搭配对象有所不同,应该做具体分析并根据不同搭配找到最贴切的词语来翻译。理性分析“忠诚于宪法”的“忠诚”是严格遵守的意思,就只能用 abide by 来表述;而“忠实于人民”的“忠实”是对人们忠诚的意思,自然可以使用 be loyal to 来翻译。

例 87 开创生动的……新局面。Create a dynamic new environment in which…

“生动的”的基本英语释义是 lively 和 vivid,可是这里显然不能使用其基本英语释义来翻译,因为英语思维就事论事,有生命的人和动物或与其直接相关的事物(如影视画面等)用 vivid 或 lively 来修饰才贴切,而在这里直接修饰的“局面”一词,是一个抽象的概念,就感觉到很牵强。“生动的”被译成 dynamic 合适,它的意思是“有活力的”或“有动态的”。另外,“开创”一词也可以用 open 来翻译。

例 88　提高反腐败法律制度执行力,让法律制度刚性运行。We must fully enforce anti-corruption laws and ensure that they are abided by.

中文“提高”的基本英语释义是 improve,improve 的意义是改善,增进,侧重提高……的价值。“提高”一词在政论文中使用频繁,英译该词时,应该考虑其意义对应和搭配需要。“提高”在此处的搭配是“法律制度”,除原译文选择用 fully enforce 翻译外,还可以翻译为 better enforce 或 improve the enforcement of。“刚性”的意思已经包含在 enforce 的意思中,所以没有必要再翻译。

例 89　从善如登,从恶如崩。It is difficult for one to keep to the path of virtue but easy to slip down the path to vice.

句中的两个“从”字可合二为一地翻译,人们首先想到使用 follow 来翻译,follow 可以是一时的行为,但通过全面、深刻理解该句语境,句中的“从”有一直坚持的意思,而 keep to 就有这样的意思,所以此处表述不用 follow 而选择 keep to 来表达。在此基础上,使用 path 搭配就很自然了。既然是“从善”和“从恶”,当然就有道路、途径问题,中文会意,所以省略。

例 90　推动农民工子女平等接受教育,让每个孩子都能成为有用之材。We should ensure that children of rural migrant workers in cities have equal access to education. All this is designed to help all children gain required knowledge and skills.

句中“有用之材”不能直接英译成 talents,原因是 talents 指拥有一定的天赋或天然的资质如卓绝的创造力、想象力等(即天分:不是可以学到的东西)的人,该词偏重天资、天赋的含义,显得有过于拔高、夸张(超群)之嫌。而该句语境是能自食其力、为社会做出应有的贡献(不在乎贡献的大小)的人。根据语义,前句是方式,后句是目的,语义更重要,建议原译文两句合并,体现英语精练的特点。

建议整句改译为:We should ensure that children of rural migrant workers in cities have equal access to education so that they can all participate and make contributions to the society.

例 91 正确处理一致性和多样性的关系。Strike a balance between commonality and diversity.

“正确处理……的关系”中的“正确处理”不能直译为 handle correctly,因为在汉语政论文中,常常指在两种或多种事务之间取得平衡,或恰当安排比例或轻重缓急,比如:正确处理家庭与事业的关系。根据其实际含义,译为 strike a balance between 正好用来表达这个意思。另外,“一致性”是指“共有性或共有的东西”,而不是说千篇一律(uniformity),所以被译为 commonality。此译例是一个不宜直接进行字面转换,根据实际语用转译的实例。

例 92 集体收益分配权 to proceeds from rural collective operations

该词组实际是指农村集体收益分配权,其中的“收益”表示从公共事业项目或集资、筹资等途径获得的“收益”,proceeds 就是专门指这类收益,所以在这里使用就符合语境需要,形成了合理的搭配。而将“收益”翻译成 return,interest 或 profit 等则不符合语境。

例 93 社会公平正义 social fairness and justice

“公平”的英语释义是 fairness 或 equity,两者都有“公平、公正”的意思,但 fairness 多指“道义”上的公平,而 equity 则侧重“量”的同等。例如,某个人比其他任何人都要努力工作,但薪水却得到最少,他很可能会说 It's unfair 或者说 Our pay is not equal。所以 fairness 多指态度上不偏袒,符合情理;equity 指公道,合理,就像天平的两端,不多也不少。前者多是感性的认识,所以日常生活中常用;而后者多用于理性的判断,所以多用于法律、商贸等郑重的场合。两者相比之下 equity 的语义更突出社会中个体之间的权利关系(经济方面则多指股权),用来说人与人之间的具体“公平”比较贴切,而 fairness 则更有从社会整体上和理性角度看而显得公平的意味,并且由于 fair 本身还有“美好”“合理”的含义,所以感觉更有活力而不显得死板。

例 94 以经济建设为中心是兴国之要,发展仍是解决我国所有问题的关键。Taking economic development as the central task is vital to national renewal/revival and development still holds the key to addressing all the problems we have in China.

句中"兴国"的英译选择,除了 national renewal 或 national revival 外,还有 rejuvenation 和 reinvigoration 等。其中 rejuvenation 其实是复原(再生,更新,嫩化,恢复)、使之年轻而显得有活力的意思,并不一定就是发达和昌盛;而 reinvigoration 的意思是重新振作,复兴,虽然基本上是一个中性词甚至带有褒义,但是也很容易让人产生"咄咄逼人"的感觉。此处"兴国"是一个泛化的概念,而 renewal 指健康、体力、精神、发展等抽象物质的恢复(焕然一新),revival 是复兴、复活、恢复精神的意思(再具勃勃生机),所接宾语多是抽象的名词,因而用 renewal 或 revival 翻译"兴国"的"兴"更好一些。

例 95 推行公有制多种形式。Allow public ownership to take diverse forms.

句中"推行"直译为 push 或 push forward,很不恰当,因为 push 或 push forward 带有"强行"的意味。根据该句语境,"推行"在此处没有强制性口吻,而是鼓励的意思,英译时采取比较缓和的词 allow 来表达更合适。"多种"的英译有 diverse, varied 或 various 等可供选择,varied 或 various 的重点是有变化的(different),而种类不一定多;而 diverse 更注重差异比较大、种类比较多的情况,所以选择 diverse。

例 96 统筹双边、多边开放合作。Make overall planning for bilateral and multilateral opening up and cooperation.

与"统筹"相关的词组不少,如,"基础教育统筹发展"—harmonized development of basic education;"统筹城乡发展"—integrating urban and rural development;"统筹兼顾……"—take holistic approach to…;"统筹……各方面工作(/关系)"—coordinate the relations between…; "五个统筹"—five comprehensive/overall plans (planning) for, plan as a whole five, five balances between…;等等。"统筹"是政论文中比较常用、用得比较灵活的一个词,英文翻译表述也应该根据具体语境灵活处理,如该译例将其译为 make overall planning…。

例 97 团结一切可以团结的力量。Rally all the forces that can be rallied.

句中“团结”可以选用 unite 或 rally 来翻译，根据语境，选用 rally 更佳。因为 unite 意为“联合”，指两种以上的事物结合为一体，有合二为一的意味，强调结合后的统一性，是相对“分割”“分离”或“分裂”而言，语义上并不涉及范围大小；而 rally 是指（人）集合起来（尤指重新努力，如失败后或有危险、需要等），也常指部队重新集结。此处的“团结”具有“召集”到一起的意思。既然是“一切可以团结的力量”，所以英文表述的重点也应该是广泛性而不是紧密性，所以自然选择 rally 而不是 unite。

例 98 引导人们自觉履行法定义务，社会责任和家庭责任。Encourage people to willingly meet their statutory duties and obligations to society and family.

句中“引导”的英语释义是 induce，guide 等，induce，guide 都不宜用来翻译“引导”。因为 induce 其实是一个理性和逻辑含义较强的概念，其意思是通过影响或劝说、诱惑的方式使人相信某事或去做某事，用在这里在感性上稍嫌生硬，而 guide 的意思是引导、带领、操纵，含有上下高低的区别性意义。“引导”译为 encourage 合适，显得平易近人，容易接受。另外，原译文的 willingly 用 conscientiously 替换更好一些，因为此处的语用意义实际上是根据良知、责任感做事并且认真做好，而 willingly 的意思是愿意地，乐意地。

建议整句改译为：Encourage people to conscientiously meet their statutory duties and obligations to society and family.

例 99 加强与民主党派的团结。Strengthen unity with the democratic parties.

句中“民主党派”是指共产党之外的其他各个非执政党，但仍直译为 the democratic parties，因为这种译文在较高的程度上形成了“约定俗成”，对中国政治稍有了解的英语读者已经熟悉，所以也不需要时时解释，其实际意思并非强调 democratic，因为“民主”是各个党派的追求，“民主党派”的译文 the democratic parties 属于由直译造成的有中国特色或特别含义的“中国英语”。另外，“团结”此处不翻译为 solidarity，因为 solidarity 有同一阶层的利益集团内部“团结”以便“一致对外”的含义，在此处不适用；而 unity 指“由不同的部分组成在精神上、目标上、利益上和感情上的一个统一体”，符合该句语境。

例 100 促进人民身心健康。Ensure that people have good health and a sense of contentment.

句中"促进"的基本英文释义是 promote,但在此处不宜用 promote people's health 翻译"促进人民健康",因为"健康"还是"不健康"是决定性的,如果真正需要"促进健康"反而隐含(现在)"不健康"的意味,这是英文理性搭配与中文感性搭配的差异所决定的变化。该句的"促进"的隐含意思是确保、保持,所以将"促进"译为 ensure 是合适的,因为中文根据意会的习惯可以理解"促进"与"健康"的搭配,但原译文用 a sense of contentment 转述"健康",它从政治因素上来看效果很好,但与原文实际意义可能略有差异。"身心"的"心(理)"不能生硬地转换为 mental,因为 mental 侧重心理上的,所以"身心健康"翻译为 physically and intellectually healthy 应该与原文意思更加符合。

建议整句改译为:Ensure that people are physically and intellectually healthy.

例 101 形成全体人民各尽所能、各得其所而又和谐相处的局面。Ensure that all people do their best,find their proper places in society and live in harmony.

"形成……的局面"只是一个使中文显得正式的框架,去掉这个框架后前面加"使/让","使全体人民各尽所能、各得其所而又和谐相处"就是口语体了。如果直接翻译为 to form a situation in which…,译文句子框架意义比较虚,给人的感觉是自然性加强,而主观的努力和目标趋于淡化,直截了当地切入最重要的意思没有体现出来。根据前文意思,该句的实际意思是:继续阐述党为之奋斗的目标并通过各种努力创造这种理想的局面,因此使用 ensure 就能强调实施各项具体措施的明确目的性,更能体现人的主观能动性。这一译例说明,翻译中的词句选择不能完全根据原文表面意思确定,而是要看前后语境,翻译转换也是语篇的整体转换。

例 102 全面实施素质教育。Conduct well-rounded education in all respects.

"素质教育"曾被直接翻译为 quality education,这是"中式英语",回译成中文就是"优质教育",因为 quality 作为名词置于另一个名词前做修饰语时一般理解为“优质的”或“高质量的”，而不是“素质”，类似的例子如：“优质服务”—quality service。“素质教育”的实际含义是一种以提高受教育者诸方面素质为目标的教育模式，它重视人的思想道德素质、能力培养、个性发展、身体健康和心理健康教育。此处采用 well-rounded education 就是强调素质教育的内涵，即不片面强调课程本身的教育，而是对人整体能力（素质）的全面教育。

例 103 提高原始创新、集成创新和引进消化吸收再创新能力。Increase capacity for making original innovation and integrated innovation and for making further innovation on the basis of absorbing advances in overseas science and technology.

句中“提高”的英文释义有 raise, improve, increase, escalate, enlarge, intensify 等，是一个常用且用法较广的词，根据不同的语境搭配有不同的表述方式。根据“提高”与“能力”（capacity）搭配的关系，此句使用 increase 最恰当。在“引进消化吸收再创新能力”中，“引进消化吸收”和“再创新”看似并列修饰“能力”，实际上是主次逻辑关系，“引进消化吸收”是“再创新”的基础，所以用 on the basis of 来连接。从尽量集约化表达方面考虑，原译文有待完善。

建议整句改译为：Increase capacity for making original innovation, integrated innovation and further innovation based on absorbing advances in overseas science and technology.

例 104 处理好政府和市场的关系。Strike a balance between the roles of the government and the market.

政论文英译需要从语境与搭配需要考虑。该句译文中添加了 roles 一词，以求更具体、更准确，否则的话，人们会误认为是政府与市场有矛盾或冲突，添加这个词后就消除了这种误解。另外，“处理……关系”的隐含意思是平衡好两者的关系，在中文中是一个“通用性”的动词，英语翻译为 strike a balance between...就把实际具体意义表达出来，这是根据语境中的搭配需要做出的变化。

第九章　词语的变通翻译

在翻译当中，同一个词语或句子甚至语段时常可能有多重选择，究竟选用哪一种译文更好，往往并不是由某个单一的因素决定的。比如根据主要英语国家的习惯语义是否精准、自然、流畅？是否有高度的可理解性和可读性？语境及搭配是否贴切？文体风格上是否一致？这些问题往往交织在一起，使译者的选择变得更加复杂。究其原因，翻译是一种跨越文化障碍的交际活动，不同文化传统会对一些特定的客观事物和理念有各自不同的独特认识、理解或感触，而且还会存在译出语文化中有，而译入语文化中没有的事物或理念、生产方式、生活习惯、哲学思想、价值观念、民族心理、审美情趣……决定中西方不同的思维模式和语言表达方式。

英汉互译中不仅要处理各种不同的语言思维习惯差异，而且要把握词语的语用意义并采取翻译变通（即改变角度来分析、解释的翻译现象）。本章从词语的变通翻译方面对一些政论文翻译例子语用逐一分析，供翻译工作者参考。

例 1　扫黄打非，抵制低俗现象。Crack down on pornography and illegal publications and resist vulgar trends.

句中“扫黄打非”是文化市场管理的一个专业术语，是一项执法活动。“扫黄”指清理黄色书刊、黄色音像制品及歌舞娱乐场所、服务行业的色情服务，就是指扫除淫秽色情、封建迷信等危害人们身心健康、污染社会文化环境的文化垃圾。“打非”是指打击非法出版物，即打击违反《中华人民共和国宪法》规定的破坏社会安定、危害国家安全、煽动民族分裂的出版物，侵权盗版出版物及其他非法出版物。“低俗”的词典英语释义有 crudely indecent, deficient in taste, delicacy or refinement marked by a lack of good breeding, boorish 等,但根据语境(“黄”与“非”),“低俗”在此处的贬义意味较强,其隐含意思是粗俗不堪、低级下流,所以译为 vulgar 合适。“现象”不必照字面翻译为 phenomenon,而译为 trend,这是因为中英文名词的意义可延伸性不同,具体与抽象可以互相转换。根据英文思维重视整合与一元化表达的特点,“扫”“打”合为一译为 crack down。影响该句翻译的因素有词语的语境、具体与抽象的互相转换及重复与省略的互相转换。

例 2 综合国力大幅提高。China's overall strength has grown considerably.

句中的“综合”,根据语境是整体上的意思,用“全面包括”的英文 comprehensive 来翻译“综合”更加合适。“国力”就是指中国的国力,“国”直接英译为 China,这是从汉语主观视角转向客观视角的一种自然变化。另外,considerably 是英语中表达“程度大”的一个习惯用法,汉译英时直接采用,不受其词典英语释义的限制。该译例既考虑词语的语用、惯用法,又考虑视角问题。

建议整句改译为:China's comprehensive strength has grown considerably.

例 3 落后就要挨打,发展才能自强。If you fall behind, you will be bullied. Only by developing yourself can you thrive.

“落后就要挨打”最先是斯大林提出的;毛泽东认为,如果一个国家落后,在近代资本主义时代,它就必然会挨打,这里的挨打当然是遭受先进国家的军事打击。此处的“挨打”指其引申意义,含义更广,“挨打”的原因包括军事、经济、科技等方面落后,侧重经济方面,因此后半句的“自强”侧重经济繁荣,原译文译成 thrive 很准确。原译文按照中文的两个句子,译成两个句子是可以接受的,但是根据英文倾向于直接切入并尽可能做“一元化”密切整合的习惯,建议不用句号。

建议整句改译为: You will be bullied when you fall behind, and only by developing yourself can you thrive.

例 4 开创两岸关系和平发展新局面。Usher in a new stage of peaceful

growth of Cross-Straits relations.

如使用定语从句将该句翻译成 create a new situation in which/which…，显得复杂，原译文不用定语从句显得更加简洁、干脆，更符合英语倾向整合式表达的习惯。由此可知，定语从句一般不是首选。另外，句中“开创”的基本英语释义是 create，create 有从无到有的含义。如直译，人们一般会联想到现在的局面是与和平相对的概念；原译文使用 usher 很合适，usher 有引领的意思，符合句中语境，朝着更稳固、更和平的方向努力。

例 5 标本兼治、综合治理、惩防并举、注重预防。Fight corruption in an integrated way，address both its symptoms and root causes，and both mete out punishment and ensure prevention，with emphasis on the latter.

句中“本”译为 root causes 显得啰唆，cause 和 root 是一个意思，有了 cause 就不必加 root。由于中文多并列结构，而英文注重分清主次并多用从属结构，尽量归纳起来用一句有主有次的话来翻译较好。

建议整句改译为：Fight corruption in an integrated way to address both its symptoms and causes，with punishment and prevention exercised at the same time while emphasizing the latter.

例 6 物必先腐，而后虫生。Worms can only grow in something that is already rotten.

该句的意思为：东西总是自身先腐烂，然后虫子才可以寄生。比喻自己先有弱点而后为外物所侵害。中文传统语言思维习惯表面趋于流散，一个意思中往往有较多停顿，书面上逗号较多，而且经常把一句断开成为两个部分，有着语言组织上的“二元化”倾向，如本句；原译文的英文表述不停顿，因为英文惯于整合，往往把多层意思按照主次和逻辑关系组织成一个句子单位，具有语言组织上的“一元化”倾向。另外，该句中文按照自然时间顺序陈述，充分反映汉语语言陈述遵循时间顺序的特点，从外围出发，把如时间、地点、条件、原因、目的等前置；而原译文表述直接从句子中心“虫子”（worms）开始，这反映英文直接切入核心，从内部开始，句子呈树状架构的特点。

例 7 培养知荣辱、讲正气、作奉献、促和谐的良好风尚。Cultivate a social trend of recognizing honor and disgrace，practicing integrity，encouraging dedication and promoting harmony.

根据语境，句中“风尚”应该是已经形成的、普遍认同的理念和做法，原译文使用 trend 表述，虽然 trend 与“风尚”有一定的关联，但意义表达还不完全吻合，它是一种发展的动态，所以建议表述为 cultivate a social convention (general agreement on or acceptance of certain practices or attitudes)。另外，句中的“荣辱”是一个由反义字构成的双音节词，鉴于英文注重一元结构并倾向于概括，不翻译“辱”(“辱”只是“荣”的负值)。

建议整句改译为：Cultivate a social convention that encourages/appreciates honor, dedication and harmony.

例 8 完善地方党委讨论决定重大问题和任用重要干部票决制。Improve the system for local Party committees to make decisions on major issues and appoint key officials by ballot.

原译文使用…for(介词)…to(不定式动词)…on(介词)…有较强口语化特点，不适合在比较正式的文体中使用。

建议整句改译为：Improve the local Party committees' ballot-based decision-making system concerning major issues and appointment of key officials.

例 9 强化实体经济的需求导向。Make the real economy more demand-driven.

“强化”的英文表述，人们首先想到的是 strengthen，但 strengthen 可能包含现在还比较 weak 的意思，根据该句语境不宜采用。用 make…more 翻译“强化”，意味着对自己提出更高要求，显得更加贴近口语体，自然、简明，这种简明风范也是当代英语发展的一个比较明显的特征。另外，“需求导向”与“需求驱动”从正反两个方向表述同一个意思，可以互相替换，但由于“需求”本身并不是一项主观决定的指导性政策、原则等，而是经济活动的客观条件，所以用 driven 更加合理。

例 10 要加快转变对外经济发展方式。We need to move faster to change the way our external-oriented economy grows.

“加快”的英语释义有 accelerate, expedite, speed up, quicken (the steps of…)等，原译文没有选择这些释义，而用 move faster to…，是因为 move faster to do/in doing…显得比较自然、随意。这样的译例反映了英汉语言对不同文体风格的追求倾向，即英语更加注重使用平白、简洁的语言，汉语则注重在正式文体中使用更书面化的语言。另外，原译文的 grows 还可以换用名词。

建议整句改译为：We need to move faster in changing the growth model of our external-oriented economy.

例 11　推动政府职能向创造良好发展环境、提供优质公共服务、维护社会公平正义转变。Make the government better perform its functions of creating a favorable environment for development, providing quality public services, and maintaining social fairness and justice.

"推动政府职能……转变"是 20 世纪"新文化运动"后借鉴西方语言语法对汉语发展进行影响的产物，传统的汉语没有这种结构，而在现代汉语里它是一个典型框架结构，一种正式文体。如汉语的"化"字比英语词尾-ise/-ize 在官方正式文体中用得更多那样，回译成英语就要考虑尽量减少使用频率，遵循现代英语追求平白简洁的习惯。因此，此处不翻译为 shift government functions towards creating…。

例 12　推进权力运行公开化、规范化。We should make the exercise of power more open and standardized.

句中的"化"，虽然是借鉴外语，充实和发展了现代汉语构词法，但现在中文中的使用远远高于英文的-ise/-ize，在正式文体中更为突出，如回译成-ise/-ize 类词组，显得抽象。因此，翻译成英文时应该酌情减少，避免死板地翻译为词尾，正如本译例一样。

例 13　一些领域道德失范，诚信缺失。There is lack of ethics and integrity in some fields of endeavor.

句中"领域"的词典释义为 field，在此处不宜选用 field，它让人觉得因大而无当显得空泛、不实在、不具体，因此原译文加上了限定性的 of endeavor。Endeavor 这个词有肯定性意味（如"努力奋斗""为之奋斗的事业"），是个褒义词，但对于"道德失范，诚信缺失"的人来说，用 of social activities 这样中性的词组可能更好一些。另外，"道德失范，诚信缺失"两个词组里都有"失"，根据英文注重一元结构的特点，合二为一地翻译即可。原译文用 lack 翻译

“缺失”不贴切，因为句中“缺失”不等于“缺乏”，如用 loss 直接翻译会显得更好，因为句中的现象并非始终存在，而是改革、过渡过程中如因“向前(钱)看”而出现的阶段性问题等。

例 14 建设学习型社会。Build a learning society.

句中“……型”在中文正式文体中把动词性表达方式转化为修饰、形容词性的一种方式，一种“框架化”的或“虚化”的语言形式。根据英文倾向于直截了当的特点，去掉“框架”直接进行实质性翻译。

例 15 建立市场配置和政府保障相结合的住房制度。Put in place a housing system that integrates market supply with government supply.

“建立……制度”属于汉语政论文中使用频率很高的词语，应该尽量寻找多种表达方式，避免单调重复，所以此处变通地表述为 put in place。“市场配置”中的“配置”是正式化的中文选词，但其意思实际上指住房市场化，所以直接转换为 market supply。“政府保障”的实际含义是通过政府调控，以保障住房等民生问题的更好解决，因此，它和“制度”及“配置”一样，也是正式化选词，还是指有关住房的政府规划，英译时用 government supply 来表达。

例 16 十八大政治报告的重要提法 important propositions (formulations) made in the Political Report to the 18th Party Congress

该例中的“提法”是口语化特征较强的一个词，在此处属小词大用。英译时采用与语境相符的正式文体以便更准确地表达思想，原译文的 proposition 就是一个在保持文体色彩不变的前提下，能够准确表达原文意旨的合适选择。

例 17 党代会代表提案制 the system for delegates to Party congresses to submit proposals

原译文使用...for(介词)...to(介词)...to(不定式动词)，这样的表达方式在非正式文体中和口语中比较常用，但在政论文这样的正式文体中使用不合适。

建议整个词组改译为：the system of having delegates' proposals at the Party congresses

例 18 消费结构 demand mix

该词组“消费结构”可用 structure of consumption 和 demand mix 来翻译。Structure of consumption 主要用于书面文件，指在一定的社会经济条件下，人们（包括各种不同类型的消费者和社会集团）在消费过程中所消费的各种不同类型的消费资料（包括劳务）的比例关系，有实物和价值两种表现形式，现实生活中具体表现为各项生活支出。实际上，structure of consumption 还是由人们对不同商品的不同 demand 所决定的，而 demand mix 则在书面和日常口语中都频繁出现，而且有更加广泛的含义，比如，对劳动力和休闲娱乐等表面上并非物质商品的需求量情况。所以使用 demand mix 这一既专业又口语化较强的表达方式更合适，因为它能体现更本质的、涵盖更广泛的意义。

例 19　合理布局建设基础设施和基础产业。Make the geographical and structural layout of the development of infrastructure and basic industries more balanced.

句中“合理布局”并不意味已有的布局完全不合理而需要使其合理，而是为使之更合理（即更加均衡）的意思，所以采用 make...more balanced 这一自然、简明的口语表达方式不仅可以表示“强化”的意思，而且还可以灵活地做多种用途。但是，原译文中 make 和 more balanced 之间镶嵌成分过长。

建议整句改译为：Work for a better balance between the geographical and structural layout of the development of infrastructure and basic industries.

例 20　从维护人民根本利益的高度 so as to uphold the fundamental interests of the people

如果直译“维护”和“高度”，那么译文显得难以理解。“从……高度”是一个正式化的框架结构，其实际意思可以理解为“以……为目标”，根据英文追求平白风格的习惯，采用 so as to uphold 这一比较直接而正式文体风格相对较弱的方式来表述。

例 21　优化国土空间开发格局。Improve development of China's geographical space.

句中“格局”显示了文体上的正式、书面性特征，英译时去掉虚化的框架“格局”，直截了当地把实质性内容“开发（development）”翻译出来。根据语境，“国土”不涉及国有或私有的区分问题，而是从整体上说“国土”，所以灵活译成 geographical space 更具有概括性。

例 22 社会和谐是中国特色社会主义的本质属性。Social harmony is an inherent attribute of socialism with Chinese characteristics.

句中"属性"的英语释义有 property，characteristic，attribute，三者的细微差别是：property 多指物的物理或化学特性，或同类事物所共有的特性，一般不用于指人；characteristic 可指人或事物所具有的、不同于其他人或事物的个性或性质，更多表示"特征"的表现方式，更多注重外在特点；而 attribute 多指主观上赋予某人或某事物特性或属性，明显指向内在的、决定本质的特质。因此，attribute 用在这里恰如其分。根据语境，"本质"的寓意是"内在的、不可分割的、不可脱离的"，原译文用 inherent 能充分表达"本质"的意思。

例 23 完善科技创新激励机制。Improve mechanisms for rewarding scientific and technological innovations.

句中"激励"的基本英语释义是 stimulating 或 inspiring，它们显得抽象，更多反映的是精神层面的。根据语境，stimulating 或 inspiring 不宜用在此处，因此处的"激励"是指用物资、金钱等持续地激发人的动机和内在动力，使其心理过程始终保持在激奋的状态中，鼓励人朝着所期望的目标采取行动，所以用 rewarding 来翻译，把"激励"所包含的实在的意义具体地表达出来，意思更加明确，让人直接了解。另外，"完善"也不使用 optimize 或 perfect，它们有绝对化的感觉，根据"没有最好只有更好"的常识及英语思维注重客观现实和严密的逻辑的特点，使用 improve 翻译"完善"，再现其实际意思，即向着"完美，完善"这一终极目标不断"改善"或"改进"。这一译例说明，翻译中应该处理好语言使用中存在的词语原义与实际语用意义不同的情况，并在此基础上翻译实际语用意义。

例 24 加强宏观调控目标和政策手段机制化建设。Strengthen institutional procedures for setting macro-regulation targets and employing policy tools.

"加强……建设"是一个现代汉语的修饰框架结构，也是现代汉语借鉴西方语法体系后出现的正式文体书面语言现象，根据当代英语书面语言追求简洁明快的文风，英译时去除框架，直接进入内部翻译实质内容。另外，

“宏观调控”直接译成 macro-regulation 即可，因为英语名词常常具有可伸缩性范畴的特点；“机制化”一词很泛化、抽象，在此处“机制化”的隐含意思是规章制度要落到实处，原译文直接使用 procedures 翻译，则更加具体明晰。

例 25 社会主义核心价值体系深入人心。Core socialist values takes roots among the people.

句中两个修饰语“社会主义”与“核心”都是对“价值体系”而言的，但按实际意思的关联紧密度是“社会主义”与“价值体系”之间更紧密，根据英文修饰语排列更注重本质意义的关联紧密度的特点，英译时将原文的“社会主义”与“核心”换位。

例 26 听取各方面的建议。Hear suggestions from various sources.

根据语境，句中“各方面”实际上指“所有/全部”的意思，语义重点不一定是“不同的”，不应翻译为 various，因为英文 various 重点强调的是“各个（各种）不同的”方面，所以建议使用 all 和 every 来翻译“各方面”。

建议整句改译为：Take suggestions from every source.

例 27 正确处理人民内部矛盾。Correctly handle problems among the people.

句中“矛盾”的英语释义是 contradictions 或 conflicts 等，contradictions 的意思指向是思想或话语的“自相矛盾”（不能自圆其说），侧重平常的那些矛盾、琐事；而 conflicts 一般用在比较大的矛盾中，就是有点冲突的意味，侧重比较严重的冲突、矛盾。而此处的“矛盾”不是不可调和的或自相矛盾的矛盾，而是指一般的问题或争端，所以变通地译为 problems 或 disputes 皆可。

例 28 合理配置教育资源。Ensure well balanced allocation of educational resources.

“合理”被直译为 reasonable/rational 是完全可以理解的，但严格说来，“合理”是理性思辨方面的词语，但在句中其具体表现形式应该是针对资源的配置来说的，而不是理性思辨本身，变通地译成 well balanced。但值得注意的是，balanced 在汉语政论文英译表述中有“过度沉溺”（over-indulgence）使用的现象，所以还应该根据各种具体情况尽量考虑采取更多的替换表述方式。由于在此处“合理”其实隐含着“有道理可讲”的意思，所以完全可以用 accountable 来表达而不过多使用 well balanced。

建议整句改译为：Ensure accountable allocation of educational resources.

例 29 推进事业单位分类改革。Continue the reform of public institutions based on the classification of their functions.

对句中“分类改革”的英译，人们比较难把握，因为“分类改革”还是机构改革，其中“分类”只是改革的具体内容，依旧是默认的职能（functions），所以后置表述为 on the classification of their functions。但是，根据英语有追求简洁干练的文体的特点，将原译文中的 reform of 换成 reform in，是因为改革的内容实际上是分类的具体办法、标准方面的，而不是分类本身。

建议整句改译为：Continue the reform in public institutions' function-based classification.

例 30 为实现最广泛的人民民主确立了正确方向。Charting the correct course for achieving the most extensive possible people's democracy in China.

句中“方向”不应狭隘地理解为终极目标，而是应该包括整个过程（实现最广泛的民主）中的方向，所以不用其基本英语释义 direction 翻译，而用 charting the correct course 来翻译最为恰当。“最广泛”其实并没有一个确定的指数，意思应该是可能达到的“最广泛”，因此英译时需要添加 possible 一词。另外，根据英文倾向于把语义功能紧密相关的词语紧密相连的习惯，同时强调重点“最广泛”，建议将“最广泛”改译成 possibly the most extensive；建议“人民民主”中的“人民”不翻译，因为意思已经包含在 democracy 之中。

建议整句改译为：Chart the right course for achieving possibly the most extensive democracy in China.

例 31 党外优秀人士 outstanding individuals outside the Communist Party

“人士”的英语释义有 persons，personages，figures 等，但根据句子语境，“人士”实际上含有“个人”的意思，况且主要英语国家的意识形态中最重要的理念是 individualism，强调个性，选择 individuals 这个词来翻译“人士”更为适宜，最为读者熟悉，容易理解和接受。

例 32 居民收入较快增长。Individual income has increased rapidly.

句中“居民”不直译为 residents，因为 residents 实际上是说在某地区合法

定居的人。此处的“居民”实际上指的是“公民”,当语境涉及涉外法律、“城市市民”等情况时,中国时政话语中“居民”使用英文 citizen 来翻译;而该句语境是指普通的“公民”或“个体”,所以“居民”译成 individual 才合适。

例 33　健全劳动关系协调机制。Improve the mechanism for harmonizing labor relations.

一般可采用 harmonize 或 coordinate 来翻译“协调”,是为了表示正面的积极意义,有“使之和谐”的意思。句中“健全”是汉语政论文的高频词语,从其意义的具体性上来考虑,原译文将其译为 improve 很贴切,这是因为彻底的“健全”不是一次性完成的事情。不过,考虑到有些工作实际上早已开始并一直在进行,所以也可以添加 further 一词,表述为 further improve。

建议整句改译为:Further improve the mechanism for harmonizing labor relations.

例 34　企业和机关事业单位工资制度 the wage and salary system in enterprises, government bodies and public institutions

中文里的“工资”是一个总括性的词,没有细分,“工资”的英语释义有 salary, wage 和 pay 等。Salary 既可做可数名词又可做不可数名词,指按年定下,按月或星期平均给予的报酬,主要指脑力劳动者的薪水;wage 多用复数形式,指按小时、日或星期的报酬,通常指体力劳动者的工资;pay 为不可数名词,指不论工作性质如何,针对劳动所支付的报酬,它包含 salary 和 wage(s)。由于该句不仅涉及机关事业单位的工资,而且涉及企业的报酬,原译文采取两个词。但要使译文精练,可译成比较概括的表述,比如简单的 pay system 或更正式的 compensation/renumeration system。另外,原译文里 enterprise 在英文中意义比较广泛,也有比较概括抽象的意思,此处的“企业”,直接使用 businesses 或 industrial and business 来翻译更好。

建议整个词组改译为:the pay/compensation/renumeration system in businesses, government bodies and public institutions

例 35　深化平安建设。Intensify efforts to ensure law and order.

此处的“建设”与“深化”搭配使用,是指在不断改进、提高方面做出努力的意思,因此不用其英语词典释义如 build, construct, develop 等来翻译,而要变通译为 intensify efforts。另外,“平安”是个泛化的概括词汇,在此处不能用泛化的 security 或 safety 来翻译,因为此处的“平安”是指对“平安”的根本保证和体现的具体行为,从国家与政府的视角来看,更能表达其本质意义和目的,灵活地表述为 law and order 很合适。

例 36 与时俱进加强军事战略指导。Enhance military strategic guidance as the times so require.

“与时俱进”通常被译为 keep up/advance with the times,但此处的意思是“顺应时代发展要求采取行动”,因此用 as the times so require,to cater the needs of the time,in respondence/(be)responsive to the development of the times 等来表述更合适。

例 37 劳动报酬 work remuneration

此处的“劳动”的英语释义有 labor 或 work 等,两者有区别。Labor 泛指“劳动”,一般只做经济学术语使用,通常指一切有收入的劳动,不分脑力与体力劳动,不论是否有技艺的长期或临时的职业,如“You need to rest from your labor; you look very tired(你的样子很疲劳,需要放下工作休息一下)”;而在日常使用中通常仅指“体力劳动”或专指“繁重劳动”,如“They do manual labor in the fields all the year round(他们一年到头干农活)”。Work 可以指人、机器或自然力量的生产活动或人完成工作的体力或脑力活动,如“He is looking for work(他正在找工作)”“The medicine has begun to do its work(药已开始起作用了)”。此处的语境是广义的“劳动”,选用含义更广,用包括脑力劳动和体力劳动的 work 翻译是恰当的,而不能选用 labor 来译。

例 38 健康是促进人的全面发展的必然要求。Good health is a prerequisite for promoting well-rounded development of the person.

句中“健康”所隐含的意思是好的身体状况,原译文采用 good health 是合适的;“必然要求”的实际意思就是不可或缺的“先决条件”(prerequisite);原译文将“人的全面发展”中的“人”译为 person,显得语义狭窄,建议改译为 human,词组“人的全面发展”改译为 well-rounded human development。该译例说明翻译的目的不是进行文字转换,而是清楚地传达意义,对原文的词语都应该进行认真思考和推敲。

建议整句改译为:Good health is a prerequisite for promoting well-rounded human development.

例 39　加快转变战斗力生成模式。Move faster to change the way of raising combat effectiveness.

句中“战斗力生成模式”指军事系统中,由与战斗力生成相关的一系列要素构成的有机体系,即把构成战斗力系统的各个要素变为现实的方式。这里“转变……模式”直接译为 change the way 似不够周全,建议改译为 change the traditional way 或干脆把“转变”表述为 upgrade 或 renew。

建议整句改译为:Move faster to upgrade the traditional way of raising combat effectiveness.

例 40　政法工作 work of judicial,procuratorial and public security bodies

“政法”是中国社会特有的词汇,英文里没有直接对应的词语。“政法”应当是指“政法委员会”权力范围之内的那些事务和相关机构,相关工作由中共中央政法委员会统一领导。政法系统是指人民法院、人民检察院及行政机关的司法局、公安局等部门。英译时需要抛开字面形式,采用解释、说明性的翻译表述,原译文用 judicial,procuratorial and public security 来解释“政法”二字里实际包含的意思。译者如对这类词语采取不译或用拼音代替英文词的方式,就没法传达中国时政话语所要传达的真正含义,这是不可取的态度。

例 41　给自然留下更多修复空间。Leave more space for nature to achieve self-renewal.

“留下……空间”中的“空间”实际上是词语转借的修辞用法,直译为 space 可以理解。“留下……空间”其实是“留下机会”“留下(空闲)时间”的意思,翻译为 chances 更贴切。另外,原译文没有将“修复”直译为(self-)restore,可能是担心生硬而对直译采取“回避”的态度,其实没有必要。

建议整句改译为:Give/Leave nature more chances for self-restoration.

例 42　推动中国特色社会主义理论体系进教材进课堂进头脑。Incorporate the system of theories of socialism with Chinese characteristics into the curriculum and make it a way of thinking.

句中“课堂”不译为 classroom，因为此处的课堂实际上是指思想教育的实质和内容，而不是说物质上的教室或可见的课堂。进入“课堂”的意思就是纳入教学或教育内容的安排，这正契合 curriculum 的含义；同样，“进头脑”也不是生理上的头脑，而是思维方式，所以表述为 make it a way of thinking。

例 43 严守耕地保护红线。Ensure that the red line for protecting farmland (arable land) is not crossed.

句中“红线”是一个比喻，比喻禁止做某事。但英文注重直接性，修辞手法使用频率大大低于中文，所以不必逐字翻译“红线”。

建议整句改译为：Ensure (that there is) no encroachment upon arable land within the red line. /Keep vigilant guard against encroachment upon arable land. /Vigilantly guard against encroachment upon arable land.

例 44 提高以打赢信息化条件下局部战争为核心的完成多样化军事任务能力。Enhance the capability to accomplish a wide range of military tasks, the most important of which is to win local war in an information age.

句中“信息化条件下”如被直接译为 under information conditions 就显得过于拘泥字面意思。根据英文表述强调客观实际和精准概括归纳的习惯，用 information age 或 with IT application 来翻译“信息化条件下”更显得简明扼要，但由于信息时代已成定局，英文前用定冠词 the 更加合适。另外，从语气衔接的角度看，the most important of which 衔接不够紧密，建议译成介词词组 with the focus on winning…。

建议整句改译为：Enhance the capability to accomplish a wide range of military tasks with the focus on winning local war in the information age.

例 45 推动能源生产和消费革命，控制能源消费总量，加强节能降耗。We should launch a revolution in energy production and consumption, impose a ceiling on total energy consumption, save energy and reduce its consumption.

句中“推动……革命”被译为 launch a revolution in…不太妥当，译文里的 launch 是“发动”的意思，能源方式的“革命”或“变革”是人类生产力发展中一直存在的现实情况，随科技发展而产生，实际上不存在“发动”的问题。既然是“推动”，那就是深化、加强已经发生的事。建议“推动……革命”改译

为 We should carry on the revolution/transformation of energy production and consumption。虽然“节能降耗”被译为 save energy and reduce its consumption 体现了英文注重具体性的特点，但译文还是稍显生硬，容易误解为“尽量不用”（节省）的感觉，而实际上这里的意思是提高能源利用效率并在此基础上节省；“降耗”应该是避免不必要的消耗，实质是提高能源效能，建议添加词语做反向翻译，表述为 practice thrift in using it and use it more efficiently。

建议整句改译为：We should carry on the revolution/transformation of energy production and consumption and practice thrift in using it and use it more efficiently.

例 46　增强基于信息系统的体系作战能力。Enhance integrated combat capability based on extensive IT application.

根据语境，句中“信息系统”是广义的，是由计算机硬件、网络和通信设备、计算机软件、信息资源、信息用户和规章制度组成的以处理信息流为目的的人机一体化系统。“信息系统”不只是计算机技术，还包括了当代信息社会必不可少的网络（/网际）系统，所以此处选用 IT application 来翻译很合适；另外，句中“体系”本身实际上也隐含着“广泛”“全面”的意味，这是由中文在可以“意会”的情况下趋向于从简和直接表达的习惯决定的，所以“体系”不译而添加 extensive 一词。

例 47　在追求本国利益时兼顾他国合理关切。A country should accommodate the legitimate concerns of others when pursing its own interests.

句中“兼顾”的基本意思是同时照顾，考虑到两个或更多的事情，都给予关注，在同一个时间考虑到两个或更多的事情，具有概括性，但实际意义是实际上照顾到，如给予实惠等。根据英文注重具体细节的特点，英译时应该表述清楚如何“兼顾”，即考虑他国利益并提供方便，具体化地译为 accommodate。句中“合理”不是理性思辨意义上的合乎情理，而是含有“合法”的意思，原译文翻译为 legitimate 是合适的。

例 48　防范和遏制外部势力干预港澳事务。Guard against and forestall external intervention in the affairs of Hong Kong and Macao.

“遏制”的基本意思是阻止、禁绝、制止、控制等。该词的含义随着时代的变迁而变化，它曾经是20世纪冷战时期的热门时政话语，如“冷战时期西方遏制苏联”中的“遏制”，其确切含义是把对方活动限制在一定范围内，英译时用 contain 或 check，因为这两个词是在其发展过程中制止的意思。而本句中的“遏制”表示因有预测、有准备而挫败、击败敌方行动，用 forestall 来翻译“遏制”，这和“防范”(guard against)意思相接，十分恰当。

例 49 大陆和台湾虽然尚未统一，但两岸同属一个中国的事实从未改变。Although the mainland and Taiwan are yet to be reunified, the fact that they belong to one and the same China has never changed.

虽然“尚未统一”可以直译为 are not yet reunified，但原译文 are yet to be reunified 更佳，因为它更加明确提示了一直为之努力的最终目标，所以更具有积极意义，而且，从语言思维差异本身来说，也反映了英文注重直接性肯定，而中文多用否定词语反向表述的传统思维习惯。

例 50 党员能进能退机制 the mechanism for recruiting and disqualifying Party member

该例中“进”和“退”的延伸意义分别是“入党”和“责令退党”(或“劝其退党”，由于特殊制度原因而不使用 quit)，说明中文动词的使用常常可以从具体出发进行语义延伸，而英文需要根据实质意义翻译。

例 51 完善惩治和预防腐败体系。Improve systemic efforts for preventing and punishing corruption.

句中“体系”是正式书面语言，反映政治性文件的严肃、正式语气，但从语境上分析，“惩治和预防腐败”是行为、做法或任务，而不是“体系”。翻译的关键是译出实质意义，根据直截了当的英语文风需求，英译时进行“去框架”或“摘帽子”处理。而“预防”和“惩治”的英译顺序与其在原汉语句子的顺序换位了，这是根据英语习惯进行逻辑化重组的结果。

例 52 培养大批高素质新型军事人才。Train a new type of high-caliber military personnel in large numbers.

句中“人才”之前有“大批”“高素质”“新型”和“军事”四个连续修饰语，这种多重连续修饰语转换为英文时，往往需要考虑其间的关系是否属于同一个层级或属性范围，并根据英文注重逻辑关系的特点做妥当处理，做从内

到外的处理，与最根本的内部属性密切相关的形容词离中心词最近，译为 high-caliber military personnel，把其他成分置于外围(a new type, in large numbers)。原译文将中文"培养"译为 train，不是很妥当，因为 train 侧重通过实践训练教育培养人；"培养"在此处的词义实际上是通过培养、教育而造就成……的人才，比 train 的含义要宽泛，所以建议添加 bring up 来翻译。

建议整句改译为：Train and bring up a new type of high-caliber military personnel in large numbers.

例 53 完善干部考核评价机制，促进领导干部树立正确政绩观。We should improve the system for assessing the performance of officials and require leading officials to view their performance for what it is.

翻译的根本性质还是表达意义，而单词和词语所涉及的概念，在不同的语言文化背景中具有不同的语义涵盖范围，不能总是从字词上对号入座。"政绩观"就是干部对如何履行职责去追求何种政绩的根本认识和态度，对干部如何从政、如何施政具有十分重要的导向作用，是人生观、价值观和世界观在领导干部中的根本体现，是对"政绩"本身的客观看法和符合实际的认识。"促进"的前提是"要求"，原译文将句子的实际意思准确地表述出来了。

例 54 两岸同胞同属中华民族，是血脉相连的命运共同体，理应相互关爱信赖。The compatriots on both sides of the Taiwan Straits belong to one and the same Chinese nation and form a community of common destiny bound by blood ties, and we have every reason to care about and trust each other.

如"同属中华民族"直译为 belong to the same Chinese nation 是可以的，但原译文 belong to one and the same Chinese nation 直译效果更好，起到加强语气、强调的作用。同样的道理，"理应"可以简单译为 should, of course 等，但原译文 have every reason 加强了所要表达的语气。另外，"关爱"中的"关"是语义中心，"爱"是节奏补足，实际意义更适合于个人、家庭等，所以只译"关"而不译"爱"即可。

例 55 统筹推进各类人才队伍建设，实施重大人才工程，加大创新创业人才培养支持力度，重视实用人才培养，引导人才向科研生产一线流动。We should coordinate the training of all types of personnel, implement major projects for training and attracting high-caliber personnel, give more support to the training of innovative and entrepreneurial personnel, prioritize the training of people with practical skills, and encourage the flow of talents to the frontlines of research and production.

句首“统筹推进”的“推进”没有实际意义，只是中文为了达到语言节奏的音效美。在英译时应该避免过多使用动词，“推进”没必要译出。“实施重大人才工程”中的“重大”在形式上是“工程”的定语，而“人才”根据可以意会的含义，应是指高端的人才很重要，所以需要补足。“实用人才”不宜按字面翻译为 practical talents，因为人才已是确定主题词，英译时应该更加具体（人才的实用技能）。“引导……向……流动”译为 encourage the flow of...to，反映英文倾向于用名词词组概括表达实际上具有动态变化的意思。考虑到英文注重分清并安排好句子主次，注重用名词或名词性短语表意，可对原译文进行改译。

建议整句改译为：We should coordinate the training of all types of personnel by such measures as implementing major projects aimed at training and attracting high-caliber personnel, supporting the training of innovative and entrepreneurial personnel, underlining the training of people with practical skills, and encouraging their flow to the frontlines of research and production.

例 56 党风 the Party conduct

“……风”过去常被译为 working style 或 style of work，但在此处是指“作风”，即党的行事方式。由于英文注重名词简洁精准，英译时选择了能够表达实质性意义的名词就没有必要多做任何添加，能用一个词的不用两个词。Conduct 本身就有一定的可延展意义，与 behaviour 相似，可以指行事方式。

例 57 霸权主义、强权政治和新干涉主义有所上升。There are signs of increasing hegemonism, power politics and neo-interventionism.

“有所上升”的“所”是虚词，转换为英文就应该考虑虚词背后可能隐含的意义，所以添加 signs，“有所上升”的真正含义是“有上升迹象（或表现等）”，翻译为 There are signs of...。这一译例说明汉译英过程中有时要分析

虚词的意义并翻译出来。

例58　党员发展 recruit Party members

“党员发展”，首先申请人向党支部递交入党申请书，团支部向党支部择优推荐入党对象，然后党支部确定培养人，经过找其谈话，及时确定1—2名党员负责培养，支委会讨论通过上报，党委组织部门汇总备案，经过党支部、党小组、培养人对申请人进行考核合格后批准入党，以使党员的数量变多。从党员发展的程序看，其中的“发展”不能用其词典基本英语释义 develop 翻译，直译就没能说清楚“招募”这一引申意思，所以翻译为 recruit 才充分反映其语义的引申。

例59　着力整治庸懒散奢等不良风气，坚决克服形式主义、官僚主义。We should reject undesirable practices such as mediocrity, laziness, laxity and extravagance, the practice of just going through formalities, and bureaucratism.

原译文先说“不良风气”(undesirable practices)，再通过 such as 的使用来一一例举其具体表现“庸懒散奢”。这反映中文传统思维模式主要是归纳型，即由具体到一般，从具体表现“庸懒散奢”开始到“不良风气”的归纳；而英文传统思维模式主要是演绎型，先概括，再具体。两个四字谓语动词词组“着力整治”和“坚决克服”意思雷同，只译一次即可，因为英文注重简洁。其中“不良”不用 bad，而选用 undesirable 来翻译，是因为 undesirable 词义显得更宽泛。另外，“风气”可以理解为一种“倾向性行为”，建议采用 tendencies 来表述，而且不必重复。

建议整句改译为：We should forcefully reject undesirable tendencies such as mediocrity, laziness, laxity, extravagance, superficial formalities and bureaucratism.

例60　党内生活 intra-Party activities

该例中的“生活”是大词小用，在此处的实际意思是各种活动或事情，这也是中文用词常跨域借用，不能用其基本英语释义 life 翻译，而应译成 activities，这反映英文就事论事的特点。

例61　当今世界正在发生深刻复杂变化，和平与发展仍然是时代主题。世界多极化、经济全球化深入发展。The world today is undergoing profound and complex changes, but peace and development remain the underlying trends of our times. The global trends toward multipolarity and economic globalization are deepening.

句中"主题"是文学性修饰词。原文里"世界"有重复,译文里既有world,又有 global 和 globalization,这种语义的重复似无必要。所以,建议后一句省去 global 和重复出现的 trends。

建议整句改译为:The world today is undergoing profound and complex changes,but peace and development remain the underlying trends of our times. Multipolarity and economic globalization are further developing.

例 62 提高做好新形势下群众工作的能力。Raise our ability to do people related work well under new conditions.

"群众工作"不可直译为 mass work,因为 mass 用来说人,有面积广但无组织的意味。此处的"群众工作"指党群专业工作人员宣传、发动、教育和组织、管理人民群众共同完成某方面的工作或在法律法规政策条例和规章制度规定的范围内开展维护保证群众各种权益、组织开展各种有益于群众身心健康的群众文化娱乐活动等与群众打交道的工作,可译为 people related work 或简单的 people work,前者意思宽泛,后者主要涉及人与人交际(此处指党员与群众的交际)。

例 63 规范差额提名、差额选举。Improve the standards governing multi-candidate nomination and election.

由于西方政治体制与中国不同,所以选举本来就都是"差额"方式。"差额选举"是相对于中国社会主义制度下改革开放以前的"等额选举"而言新近出现的一个词语,因此英语中并没有固定的对应翻译。原译文 multi-candidate nomination and election 不一定能够被西方读者理解和接受,这是由于意识形态差异而存在的翻译不对应问题。如果考虑到理解可能存在困难,用 competitive 取代 multi-candidate,这一意译既符合汉语四字结构的简洁特点,又让西方读者更容易理解。

建议整句改译为:Improve the standards governing competitive nomination and election.

例 64 提高选人用人公信度,不让老实人吃亏,不让投机钻营者得利。

Increase public trust in selection and appointment of officials and ensure that honest people are not disadvantaged and schemers do not get their way.

句中“吃亏”在一般情况下常被译为 suffer loss,但在此处其根本意思还是 disadvantaged 的问题,suffer loss 只是结果,语义过窄。“提高……公信度”的译文 increase public trust,意思稍嫌模糊,建议添加其中包含的“评价权重”的意思。另外,“选人用人”中的“人”不是指一般人,而是指在公务员体制中具有一定管理、决策权的人(干部),应该做归化的翻译,可以直接翻译为 public service personnels。

建议整句改译为:Put more weight on the public trust in nominating and appointing public service executives and ensure that honest people are not disadvantaged and schemers do not get their way.

例 65　党代表大会代表任期制 the tenure system for delegates to Party congresses

该词组中的“任期制”不可分开理解,即不可把“期”简单理解为 term,因为 term 只是任职的期限,而在此处则是指向“(代表)权的期限”,是指代表在一定时间内有代表权的意思,重在权力的期限,相对于 term 来说更有针对性,应译成 tenure 合适。

例 66　让青春焕发出绚丽的光彩。Let their youthful vigor shine with radiance.

英语名词意义可以延展理解,“青春”(youth)包含“活力”(vigour),所以建议原译文的 vigor 可省去。另外,“焕发出绚丽的光彩”是物理词汇的修辞借用,原译文直译为 shine with radiance 稍显生硬,建议改用 glory。

建议整句改译为:Let their youth shine with glory.

例 67　防控廉政风险。Prevent and manage risks to clean government.

句中“廉政”的意思是清廉的政府;“廉政风险”就是指出现廉政问题的可能性,就是指公务人员凭借所拥有的公共权力在执行公务过程中或日常生活中出现谋求私利等腐败行为的可能性。此处指政府可能面临的、来自其他因素的风险,不是本身所具有的、会带给别人的风险,所以只能用 risks to,而不用 risks of 来翻译“风险”,是因为用 of 就是指向风险的源头(risks of war，disaster 等)，逻辑上讲不通。

例 68 鼓励年轻干部到基层和艰苦地区锻炼成长。Encourage young officials to work and gain experience in local communities and in hardship areas.

句中"到……锻炼成长"是汉语特有的连动表达方式，其中的"锻炼"指其引申意义，通过生产劳动、社会斗争和工作实践，使觉悟、工作能力等提高。中文中常用作句子谓语的动词"到"或"去"，直接翻译为 go to...虽然完全可以理解，但从思维习惯上来看，转换就不够彻底，因为所接词语是地方，而英文惯于将时间地点等成分做状语或后置定语，而且汉译英又有把动态词语静态化的规律性转换，所以此处置于工作 work 之后，自然转换为状语。但英语句子只需要一个谓语动词，而且这个动词(gain)也不是语义重心。Gain experience 是对"锻炼成长"的语义进行总结归纳后变通的处理。

例 69 严格执行党风廉政建设责任制。Rigorously implement the system of accountability for improving Party conduct and upholding integrity.

句中副词"严格"修饰动词"执行"，英译时可选用 strictly 或 rigorously，但 strictly 是说具体做法、步骤、规则等细节上的严格，而 rigorously 是指用很高的目标或苛刻的标准来要求。原译文选择 rigorously 就是考虑到了两者的细微差异及该句的语境。另外，此处的"责任制"指各项工作由专人负责，并明确责任范围的管理制度，在此处的引申含义是"可问责""有交代"及"弄清楚谁担责"，所以其词典释义 responsibility 不能清楚地表述这层意思，原译文是很合适的。

例 70 生态文明建设的主要着力点 priorities of promoting ecological progress

该例中的"主要着力点"的基本释义是力的作用主要集中之点；引申义是致力于完成某项任务或工作时重点着手之处或重点、优先着手做好的方面。"主要着力点"在句中是跨语域转借表达方式，物理词汇的修辞借用，所以，译文舍其转借本义而取其精神表述为 priorities 很恰当。

例 71 自觉遵守廉政准则。Readily observe the code of conduct on clean governance.

"自觉"一词在中文中比较常用，但其字面意义与实际语用意义往往不同。根据该句语境，其实际含义是自己有所认识(有正确意识)而主动、自愿做某事，所以除了原译文所选用的 readily，还有 conscientiously，willingly，purposefully 等可供选择，但除了心理学专用外，一般不译为 consciously。

例 72 主要领导人 principal leading officials

该例中的“主要”的英语释义有 major 或 principal 等，两个词在本质意义上有大小差异：major 的意思是“重大的、主要的”，指在规模、数量、重要性方面超出同类的其他事物；principal 的意思是“主要的、首要的”，指由于力量、权力、规模等方面的重要性而处于首位，也指被赋予控制、领导、管理权的人或体积、重要性属于首位的物。Principal 的语义可以涵盖 major。根据该例语境，其实际意思是“第一”或“最重要”的，major 没有“第一”的意思，不能准确表达原意，而 principal 则有“第一”的意思，原译文的选择是合适的。

例 73 在中国特色社会主义道路上实现中华民族伟大复兴，寄托着无数仁人志士、革命先烈的理想和夙愿。We are striving for the great renewal of the Chinese nation along the path of socialism with Chinese characteristics—this is what countless patriots and revolutionary martyrs yearned for.

句中“仁人志士”是意思相同的两个并列结构组成的四字词组，表现了汉语重节奏的特点，英译时应该集中概括地表达，用 patriots 就充分表达了这个四字结构的意思，不必逐字翻译。“寄托”的本义是心灵的某种依靠，即在人郁闷、伤心、迷茫的时候需要安慰，却找不到身边真实的依靠时，心中寻求那不切实际的、幻想的依靠；寄托是一种源于精神层面本能的需求，它是将负面情绪疏导至被寄托处，以缓解内心感到的不安，如宗教信仰就是一种建立在虚幻之境的特殊心灵寄托。而在此处的“寄托”指其引申含义，是一种源于精神层面本能的需求，所以翻译为 what…yearned for 合适。除了现有翻译外，还可以考虑用先行代词，开始先说出一个句子框架，再填补具体内容，如 It is the long-cherished dream of…to achieve…；或按原文语序变化语法结构调整一下。

建议整句改译为：On the path of socialism with Chinese characteristics，we are striving for the Chinese nation's great renewal which has been the long-cherished dream of countless patriots and revolutionary martyrs.

例 74 我们党不可逆转地结束了近代以后中国内忧外患、积贫积弱的悲惨命运。Our Party brought an end to, once and for all, the misery of old China, a poor and weak country that had suffered from both domestic turmoil and foreign aggression in modern times.

用其词典释义 irreversible 来翻译“不可逆转地”也可以，但原译文用 once and for all 来翻译，显得积极意义和语气更强，因为 once and for all 的意思是“一次了结地，一劳永逸地，彻底地”。其中 for all 指 for all times 或 forever，所以在文学中常有译为“一劳永逸”的情况。

例 75 中国特色社会主义事业是面向未来的事业，需要一代又一代有志青年接续奋斗。The cause of socialism with Chinese characteristics holds great promise for the future, and its success hinges on continuous hard work of generations of young people with aspirations.

句中“面向未来”不按照其字面意思进行文字转换，其本质意义是“充满希望”的，译文用 holds great promise 来表达准确地传递了其本质意义。“事业”以“成功”为目标，“事业”在此处就是“成功的事业”，所以增加了 its success。另外，“需要”在此处的意思是依赖，取决于，原译文译成 hinges on 很贴切；原译文用介词词组 young people with aspirations 翻译“有志青年”也很直接、简洁。

例 76 把生态文明建设纳入中国特色社会主义事业五位一体总体布局。To list promoting ecological progress as one of the five goals set in the overall plan for the cause of socialism with Chinese characteristics.

句中“布局”的基本意思是对事物的全面规划和安排，是从建筑、艺术或军事领域转借而来的用法，这里实际上是指规划的目标或总体的设计，所以表述为 goals set in the overall plan。“五位一体”是汉语注重音乐性节奏的四字格表达方式，其中的“一体”可以省略不译。“纳入”随“布局”变通翻译为 list。另外，“生态文明建设”的原译文 promoting ecological progress 在语言思维转换上还可以进一步增强英文“以静制动”的特点，即省略 promoting。

建议整句改译为：To list ecological progress as one of the five goals set in the overall plan for the cause of socialism with Chinese characteristics.

例 77　提高反腐倡廉建设科学化水平。Combat corruption and uphold integrity in a more effective way.

句中“提高”是汉语动态表达，“科学化”是一种泛化的表达。该句的语义中心是“反腐倡廉”，英译时将其作为句子的主干，根据英语的习惯将动态的“提高”静态化为 more；翻译“科学化”，要把其具体、实质性的特点表现出来，译为 effective，“科学化水平”是一种“拔高式”的表达方式，旨意还是有效性（effectiveness），需要对此根据英文表述重具体和实际含义及简洁直白的风格来处理。

例 78　人世间的一切幸福都是要靠辛勤的劳动来创造的。Every bit of happiness in the world is created by hard work.

句中“一切”可英译为 all 或 every，但如果所限定的对象（此处为“幸福” happiness）可能包含“各种”或“任何”的意味并需要强调这种具体性，那么人们一般选择 every 而不是 all 来翻译，因为 all 不强调具体。句中“一切”泛指“任何”，所以英译时选用 every。另外，原文中的“创造”反映汉语思维的动态特点，而英语倾向“以静制动”，可以用静态词语来翻译。

建议整句改译为：Every bit of happiness in the world is the result of hard work/comes out of hard work.

例 79　把我们的思想和行动统一到科学发展上来。Bring our thinking and action in line with the need to pursue development in a scientific way.

“统一”在词典中的英语释义为 unify，如直译就会有很不好的“合二为一”的联想及效果，因为在强调个人主义的意识形态的西方很难被接受，而且也不符合中国的“百花齐放、百家争鸣”的思想，原译文使用 bring…in line with 来翻译是合适的。“科学发展”的译文 the need to pursue development in a scientific way 也是把原文意会的成分明确、具体地表达出来。

例 80　敢于担当。One should face up to his responsibility.

句中“担当”有所省略，根据中文意会习惯，其真正意思是“承担责任”，英译时添加 responsibility。虽然“担当责任”的直译是 shoulder up responsibility，但由于这里与“敢于”相连，其中所蕴含的实质性意味并不是直接“担当”，而是包括 face up to 的前提，翻译了这个前提，“担当”的意思自然已经在其中了。

例 81　把文化建设摆上各级政府的重要议事日程。We will place the development of the cultural sector high on the agenda of governments at all levels.

此句的“重要”翻译为 high 而不是 important，因为译文的谓语动词是 place，宾语是 the development of the cultural sector，英文 place...high 就显示了文化建设的重要性，从而形成贴切而又简洁的用词搭配。

例 82　要形成一种倒逼机制，来硬化企业和政府的责任。We should put in place an action forcing mechanism to make both businesses and the government live up to their responsibilities.

句中“形成”不能译成其词典释义 form，因为在此处“形成”的隐含意义包含主观意志，即采取措施、行动的决心，使“倒逼机制”发挥实际效用，所以变通采用 put in place 来翻译，以传达文字的终极意义。“硬化”指物体由软变硬的一种过程。“硬化”在句中指履行责任到位。原译文将“硬化……责任”表述为 make...live up to their responsibilities 也属于变通译法。“倒逼机制”是市场经济领域中货币供给的术语，即国有企业投、融资功能不足，引起政府投、融资行为对其进行强制替代进一步导致银行信贷资金经由财政流向国有企业，形成倒逼的贷款，就是“逆向促使”，此词在此处的使用范围有所延伸，泛指“由下而上”或“由流溯源”地“促使”，所以可以比较灵活地翻译为 forcing mechanism。

例 83　促进干部健康成长。Enhance integrity and competence of officials.

句中“健康”和“成长”，如直译，显得泛化、抽象，在此处应该根据情况做具体理解。虽然整句可译为 to promote the well-rounded development of officials，但这种译法仍然不十分具体，还是原译文的表述方式可以体现对“德才兼备”的要求，所以比较恰当。

例 84　中国共产党要容得下尖锐的批评。The Communist Party of China should be open to sharp criticism.

句中“容得下”的实际意思是“允许别人批评”，使用其词典意义 tolerate

来翻译稍显死板。原译文用 open to 比较恰当，因为 open to 有乐于接受意见、对……持开明的态度的含义。如被译为 receptive 或 responsive to，在此处显得稍微有所过度，因为不是所有的尖锐批评都是正确的和必须接受的。

例 85　冲击社会的道德和心理底线。This will push through the society's moral and psychological limit.

句中"底线"的词典释义是 bottom line，在此处，其实际语用意义并不是最低线（或最低标准），而是能容忍的限度，所以只有采用 limit 而不是 bottom line 来翻译，才能准确表达其含义。另外，"冲击"的字面英译有 pound，charge，lash，assault 等，但此处的语义重点是"冲击"的后果，所以英译为 push through。当然，原译文的语气可自然缓和些。

建议整句改译为：This will threaten to push through the society's moral and psychological limit.

例 86　聚合推进改革的正能量。Build positive energy to promote reform.

"聚合"指分散的聚集到一起，是有机化学和高分子化学的重要术语，在句中是科学词汇借用，一般情况下按词典释义 aggregate 或 gather 翻译会显得生硬，在此处，"能量"虽然也多用于科学类文体，但通用性较强，可以保留直译。

例 87　夙夜在公，勤勉工作。We should fully dedicate ourselves to our work/duty/mission.

"夙夜"意指日夜，天天、时时（地工作）。英译时可以放弃其基本意思而直接切入实际意思；"在公"和"工作"大意相同，合二为一地翻译即可。"勤勉"的原译文是具体性表述，使用 fully dedicate ourselves...，其中 to our work/duty/mission 可省略。

例 88　把努力实现人民对未来生活的期盼作为神圣使命。We will take it as our sacred mission to realize people's aspiration for a better life.

"未来生活"有好有坏，根据该句语境，此处当然指更好的生活。英文有具体表达的倾向，所以使用 a better life 来翻译"未来生活"。如按句子语法结构翻译为 We will take the realization of/realizing people's aspiration for a better life as our sacred mission，这个英文句子的中间宾语部分就过长，十分生硬。由于英文倾向于首先造一个语法主干清楚、明确的完整句子，原译文用先行代词 it 做形式宾语，句子结构平衡。

例 89 人之五指，抱拳才能力量倍增。A hand has five fingers, which must form a fist to make a punch.

该例是一个英汉语言共通的比喻，“五指”“抱拳”“力量”三个词实际上已经表明了其目的：“力量倍增”，因此用 make a punch 直接翻译这个目的实质，从而使“力量”的意思具体、明确。

例 90 不辜负广大党员的信任和重托。We should prove ourselves worthy of the trust and expectations other Party members have placed in us.

句中“不辜负”的英语表达有 live up to 或 prove worthy of，但原译文的 prove worthy of 符合政论文文体，这是翻译技巧中的反译法，将否定词“不辜负”翻译为没有否定词的词组 prove worthy of（对得起），当然，反译法也包括把没有否定词的词组反译为有否定词的词组。反译法为了使译文在忠实表达原文的同时又合乎语言表达习惯，将原文中的否定表述转换成肯定的形式，或者反过来把原文中的肯定表述用否定的形式翻译出来。这是因为英汉语言在肯定性表达和否定性表达的习惯和频率上有一定差异：汉语为了增强语气和语言感染力，常常更多地使用否定性表达方式，以至于有时候肯定性表达反而不自然。

例 91 不是说政府有错位的问题吗？那就把错装在政府身上的手换成市场的手。When/where the government takes on a misplaced role, we should return the hand misplaced on the government to the market.

该例第一句的问句，应该与后面的联系起来，作为一个意义单位来考虑。由于英汉两种语言实际上有不同的句子单位概念，所以翻译的单位是话语而不是句子，即翻译应该根据意义的实际连贯来进行，该例实际上是以表面上的问句形式提出了话题范围，所以采取变通性手法来翻译：用 Where...引出话题后直接做连贯性表述。另外，从英汉语言在静态与动态表述上的不同习惯来看，汉语的反问与否定是增强动态的一种方式，所以首先使用了问句，而英语倾向于静态表述，所以不用问句。

例 92 要让人民过上好日子，政府就要过紧日子。To ensure that the

people lead a good life, the government should practice austerity first.

句中“紧日子”是小词大用，比喻政府要节省开支，其英语释义较多，比如 practice frugality, practice economy, tighten one's belt（跨文化共有比喻）。但相比之下 austerity 更有对自己高度严格、苛求的意味。

例 93　我们的党是全心全意为人民服务的政党。党领导人民已经取得了举世瞩目的成就，我们完全有理由因此而自豪，但我们自豪而不自满，决不会躺在过去的功劳簿上。Our Party is dedicated to serving the people. It has led the people in making world-renowned achievements, and we have every reason to take pride in these achievements. But we are not complacent, and we will never rest on our laurels.

中文多用动词具体表意而造成副词使用频繁的习惯，副词“全心全意”不直译为 whole-heartedly，原译文用静态的 is dedicated to 来翻译，“全心全意”的意思已经完全包含在 dedicated 之中。“党”在句中重复出现，英译时不重复 Party，因为英文有不倾向于重复名词而更多使用代词的习惯。原文“自豪而不自满”紧跟在“有理由因此而自豪”之后，实际语义是有重复的，英译时不重复，所以只译 we are not complacent。“躺在过去的功劳簿上”是中文修辞手法，和 rest on one's laurel 分别是中英不同文化习俗决定的习惯用法，但功能相当，所以根据文化差异进行变通式的意译更好。

例 94　苟日新，日日新，又日新。One should keep breaking new ground and improve himself everyday.

该句是一个中国文化特有的典故，选自中国儒家经典《大学》，是中国古代的帝王成汤的座右铭，意思是如果能够有一天可以革新，那就应该可以天天革新，不断有新的开端，旨在倡导人类不断发展和积极进取的精神，是一个日积月累的变化，是从量变到达质变的必然趋势和结果，是人类思想进步和物质创新的哲学。英译时只要能够把握其精神实质，就不必拘泥于细节，否则其英译文本就会过于冗长，因为中文和英文在具体表现的追求上有所差异。该译例综合其精神进行一次性表述。

例 95　扩大党内基层民主，完善党员定期评议基层党组织领导班子等制度。We should expand intra-Party democracy at the community-level, improve the system for Party members to assess the performance of leading bodies of community-level Party organizations on a regular basis.

句中“完善”在政论文本中常被译为 improve，所以建议根据情况考虑其他同义词，如 streamline，upgrade，escalate 等。“评议”的基本意思是在民主生活会上，组织中的成员共同对某一个人在思想、学习、组织纪律、工作、廉洁等方面的评价。在此处“评议”应该是评议党组织的工作，选择搭配 performance 很合理，但“评议”本身可以有多种选择，如 evaluate，make appraisals of 等。“等”在中文中的使用常常不像英文 such as，for example 那样严谨地仅仅表示例举而不是全部，其用法有时类似语气词，属于虚设，所以并非时时处处需要翻译。

例 96 反对腐败、建设廉洁政治，是党一贯坚持的鲜明政治立场，是人民关注的重大政治问题。Combating corruption and promoting political integrity，which is a major political issue of great concern to the people，is a clear-cut and long-term political commitment of the Party.

句中“反对”直接翻译为 oppose（opposing）是可以的，但原译文的 combat（combating）显示党和人民态度坚决，积极主动。但是，原译文的…which is…，is…不够干练集约，主语用名词词组直接表达更好。

建议整句改译为：The combat against corruption and enhancement of political integrity is a major political issue of great concern to the people，as well as a clear-cut and long-term political commitment of the Party.

例 97 永葆共产党人清正廉洁的政治本色。Preserve the political character of integrity of communists.

“一身正气、两袖清风”，就是对“清正廉洁”的最好诠释，因为清正，所以廉洁，清正是语义重点。由于英文思维注重名词使用的精准及突出语义重点，句中“清正廉洁”只需要一个英语单词 integrity（正直）从最根本的实质上翻译即可。

例 98 十八大政治报告是马克思主义的纲领性文件。The 18th Party Congress Report is a guiding Marxist document.

句中“纲领性”是根据英文构词法衍生的词语，虽然符合语言内部变化规则，但随着外部环境的发展变化和口语化发展，这类语法形式衍生词大多使用频率降低，甚至对很多英语母语的人来说也显得十分生僻。不使用其词典释义 programmatic 来翻译，而用 guiding 来译，是因为这类词语使用的恰当性和语言内部规则并不一致，翻译时应该主要根据实际使用情况来决定选择，而不能仅从语言内部规则出发。

第十章　语用优先原则

翻译是发生在社会语境下的交际过程。在翻译中当形式等值、语义等值和语用等值不能同时获得时，交际目标实现的可行性使得有效翻译成为可能，于是译者需要决定何种等值应该被优先选择以帮助他们在交际中取得有效的翻译。形式翻译和语义翻译将语言作为静态的系统对待，没有考虑语言之外的因素，因此经常导致违背作者意图的生硬晦涩的翻译。而语用翻译将人类纳入考察的视野而能够从多变的语境中掌握动态的整体语言系统。因此，语用翻译应当优先于形式翻译和语义翻译，译者应当在确立翻译准则、翻译方法和翻译策略之前优先考虑语用因素。

语境是语用学的一个重要概念，纽马克指出："语境在所有翻译中都是最重要的因素，其重要性大于任何法规、任何理论、任何基本词义。"纽马克关于语境的说法可理解为翻译中的语用优先原则离不开语境，因为语境中的语用意义是动态的，但不是孤立的；语用意义也可以被看作语言形式和交际行为参与者之间的关系，语用意义实质上是指语境中的意图。

根据语用翻译的观点，意义的理解和表达在很大程度上受语言外因素的影响，为了正确地理解和表达原文，在不同的情形下能够组织达到交际目标的有效译文，译者往往要考虑包括文化、原语文本、译文发起者的要求、译者动机及读者在内的各种宏观语用因素和指示语、会话含义、言语行为、礼貌和关联等微观语用因素。

为了在不同文化间起到交流和沟通的目的，翻译时不能不使用语用优先原则。该原则，首先是指在选择翻译策略时应优先考虑语用因素，包括翻译目的、翻译动机和译入语读者等因素。其次，当语法意义、语义意义与语用意义无法同时传递时，应优先传递语用意义，实现交际意图，也就是说，在翻译过程中进行语言转换时，词序的重组要首先考虑逻辑意义关系，再考虑表达中语法的正确性，如一些英语句子从形式上看是定语从句，但从意义上分析却具有状语从句的性质和功能，翻译时应分析原文主句和从句之间表示原因、条件、结果、目的、让步等的逻辑关系，然后译成相应的状语从句。如"In a dispute between two states with which one is friendly, try not to get involved = If one is friendly with the two states, try not to get involved（当两国发生争端时，如与两国都友好，则力避卷入）"，该英语句子的定语从句含有状语意义，为了使汉语译文更为流畅通顺、更合逻辑，翻译时根据语义原则，将转换成汉语的状语。

汉语政论文的英译中不乏采用语用优先原则来翻译的例子。例如：

例 1 行大道，民为本，利天下。Follow the fundamental truth（Follow the Great Way），work for public good and bring benefits to all the people.

句中"道"的意思是万事万物的运行轨道或轨迹，也可以说是事物变化运动的场所。道，自然也。在道教中一般翻译为大写的 Way 或者音译为 Tao，但"大道"在此处意味着最关键、根本的正义、真理之道，在此句中是"利天下之民"这一根本目的的具体化体现或进一步解释、陈述。根据语用优先原则，翻译时把"行大道"与后面两项分出主次。

建议整句改译为：Follow the fundamental truth（Follow the Great Way）to work for public good and bring benefits to all the people.

例 2 我们的责任，就是同全党同志一道，坚持党要管党、从严治党，切实解决自身存在的突出问题，切实改进工作作风。Our responsibility is to work with all the comrades in the Party to uphold the principle that the Party should supervise its own conduct and run itself with strict discipline, effectively solve major problems in the Party, improve our conduct.

句中出现两次的"切实"译为英文时只需要翻译一次。"同……一道"形式上是状语，其实际意思是团结所有党员共同努力，考虑语用优先原则，译为 to work with…。另外，根据英文尽量不重复词语的原则，后面的 in the

Party 最好改译为 in its own organization。

建议整句改译为:Our responsibility is to work with all the comrades in the Party to uphold the principle that the Party should supervise its own conduct and run itself with strict discipline, effectively solve major problems in its own organization, improve our conduct.

例 3 协商达成两岸和平协议,开创两岸关系和平发展新前景。Reach a peace agreement through consultation to open a new horizon in advancing the peaceful growth of these relations.

中文往往在一段话中就有同一个词语的重复,而英文则有尽可能不重复的习惯,所以根据前文意义用 these relations 替换"两岸关系"。另外,该例中看似并列的前后两句语义有主次之分,后句是目的,语义的重点,根据语用优先原则,原译文将该后句以目的状语从句处理。

例 4 社会主义核心价值体系是兴国之魂,决定中国特色社会主义方向。Core socialist values are the soul of the Chinese nation and serve as the guide for building socialism with Chinese characteristics.

句中"决定……方向"的主语是抽象概括的"价值体系","决定"具有主观色彩,用 serve(或 function)翻译"决定"显得客观、直接;"体系"不必翻译,因为"价值"values 是概括的、具有可延展的意义,把"体系"概括在内。句中的"社会主义"与"核心"并列修饰"价值体系","社会主义(的)价值体系"(socialist values)与"核心价值体系"(core values)相比,前者是前提,关系更加重要,因此根据翻译语用优先原则,两个修饰词的顺序应该发生变化,把重要的修饰词放在离中心词更近的位置。

例 5 我们党面临着许多严峻挑战,党内存在着许多亟待解决的问题。尤其是一些党员干部中发生的贪污腐败、脱离群众、形式主义、官僚主义等问题。Our Party faces many severe challenges, and there are also many pressing problems within the Party that need to be resolved, particularly corruption, taking bribes, being divorced from the people, going through formalities and bureaucracy caused by some Party officials.

从语法形式上看,"党内存在着许多亟待解决的问题"中的"存在"是谓语动词,显得比较重要,而实际上更重要的语义是"有许多问题亟待解决"。所以,根据翻译技巧中的语用优先原则,应该突破语法表层的主次而把握意义的主次;同时,要体现英文尽量使用名词或名词词组表意的倾向。

建议整句改译为:Our Party faces many severe challenges, and many pressing problems within the Party need to be addressed, particularly those occurring among some Party officials, such as corruption, bribery, divorce from the people, superficial formalities and bureaucracy.

例 6 发展更加广泛、更加充分、更加健全的人民民主。Make people's democracy more extensive, fuller in scope and sounder in practice.

句中"更加广泛、更加充分、更加健全的"修饰名词"人民民主",翻译为英语时,不直译为 more extensive, fuller and sounder democracy (of the people),而是把"人民民主"处理成宾语,原来的修饰词做宾补成分放在后面,充分体现翻译的语用优先原则,更能突出语义重点、话语的方向性和目的性。另外,people 可以不翻译,因为 democracy 本身含有人民、民众的意思。

例 7 坚持走中国特色军民融合式发展路子。We should continue to follow a path of development with Chinese characteristics that integrates military and civilian sectors.

英文主语突出的特征不仅决定句子主语不可缺少,因此译文添加 we should,而且决定了其"右端开放"的复杂结构,而中文的主题突出特征不仅决定主语可以承前省略而且决定了其"左端开放"的复杂结构。因此英译把中心词 path of development 首先表述出来,有关限定与修饰后置,并遵循语义语用优先原则,重组英译文时,其语义按从大到小或从宽到窄的顺序排列,即:路子—中国特色—军民融合。

例 8 坚持共同但有区别的责任原则、公平原则、各自能力原则,同国际社会一道积极应对全球气候变化。We will work with the international community to actively respond to global climate change on the basis of equity and in accordance with the common but differentiated responsibilities and respective capabilities of all countries.

句中"同国际社会一道积极应对全球气候变化"是语义中心,位于全句最后，表示与主题直接联系的主要目的，即实际上的主干成分；逗号前的部分则是具体的途径与方式，这是因为中文语篇思维的传统模式是归纳型，即从具体例举到最后归纳。英译时要遵循英文的演绎型传统思维模式，即从命题出发演绎出具体情况，同时遵循语用优先原则，将“同国际社会一道积极应对全球气候变化”的英文翻译置于句首，一般来说，正式文体语篇的翻译常需要重新安排语序。另外，“……原则”可以理解为行动的基础或依据，所以译为 on the basis of…。

例 9 “一国两制”实践取得举世公认的成功。The success of the “one country, two systems” principle has won global recognition.

句中“举世公认”虽然形式上是“成功”的定语，但实际语义上是中心或更重要的信息，有更大新信息的分量。英译时，应该考虑到语用优先原则、英语“主语突出”（或“语法结构突出”）而汉语“主题突出”（或“语义结构突出”）的语言差异，把“成功”自然转换为话语的出发点（句子主语），用重点表达语义关键的谓语结构 has won global recognition 来翻译“举世公认”。

例 10 形成全党上下步调一致，奋发进取的强大力量。This will enable the whole Party from leadership to the ranks to advance in unison as a great force.

句中四字词组“步调一致”为主述语结构，即传统上的主谓结构，译文中“步调”不译，是由于英语不是主题突出型语言，所以意思连贯清楚就不需要添加。另外，“奋发进取”从语法表面上看虽然是“力量”的定语，但是“进取”与“力量”在实际意义上有主有次，“形成力量”实际上并非主要目的，是手段，而“进取”才是意义上的重点，是目的，是更重要的成分。根据语用优先原则，原译文将“进取”转译为动词 advance。

例 11 为官发财，应当两道。Holding government/public office and making money should be kept separate. You cannot have it both ways.

如果句中“应当两道”按字面翻译为 should be kept separate (as two different tracks) 而不做补充，实际上等于意思没有表述完整，因为句中“两道”意义高度浓缩，不仅是说应该是两条不同的道路，而且表明两者只能选一。所以应该添加补充：You cannot have it both ways。当然，根据翻译语用优先及英语注重精简的原则,原译文可做调整。

建议整句改译为:Holding government/public office and making money should be kept separate so that you cannot have it both ways.

例 12 形成有利于结构优化,社会公平的税收制度。Improve the structure of the taxation system to promote social equity.

句中"优化"的词典释义为 optimize,根据该句的语境,其实际意义是"更佳化"。根据"没有最好只有更好"的常识,不用 optimize 来翻译,而用 improve 来翻译。中文的并列结构"结构优化"和"社会公平",不按照并列结构翻译,因为英语思维更加注重细微的逻辑关系(层次),"结构优化"是"社会公平"的手段之一,从属于或服务于"社会公平"目的,原译文体现英语注重具体逻辑关系、语用优先的特点。

例 13 全面加强军队革命化现代化正规化建设。Fully enhance the revolutionary nature of the armed forces and ensure that they are modern and follow standard procedures in all operations.

句中的"革命化",形式上与"现代化正规化"并列,但从意思上看并不属于同一个层次:"革命化"是非具体的、整体的要求,而后两者则是相对比较具体的要求,前者以后两者为延伸性解释,所以不宜翻译为并列结构 make... more comprehensively revolutionary, modern and standardized,而要按照其语义关系把这个并列结构中"革命化"与"现代化正规化"之间的抽象与具体的关系在译文中体现出来。另外,考虑到与 enhance 的搭配,建议用 force 替换 nature。

例 14 中国需要更多地了解世界,世界也需要更多地了解中国。Just as China needs to learn more about the world, the world needs to learn more about China.

该句虽是汉语并列组合的二元结构,但语义重点在后半部分,隐含着世界上一些国家还不太了解中国。原译文按照语义逻辑关系,转换为英语一元结构中的主从关系。这一译例反映出翻译过程中进行语言转换时,词序的重组要首先考虑逻辑意义关系,再考虑表达中语法的正确性。

例 15 我们的责任,就是要团结带领全党全国各族人民,接过历史的接力棒，继续为实现中华民族伟大复兴而努力奋斗，使中华民族更加坚强有力地自立于世界民族之林，为人类做出新的更大的贡献。Our responsibility now is to rally and lead the entire Party and the people of all ethnic groups in China in taking the baton passed on to us by history, and in making continued efforts to achieve the great renewal of the Chinese nation, make the Chinese nation stand rock-firm in the family of nations, and make an even greater contribution to mankind.

该句在“就是要”之后连续使用“团结带领、接过、继续、使”几个动词，构成了形式上连续并列的谓语。英文有对逻辑关系进行显化表现的习惯，译成英语时要对其中逻辑关系进行分析、梳理，首先用介词 in+动名词短语连接后续话语，而不是继续使用动词不定式的表达方式。这样就分清了主次：to rally and lead...虽然形式上是不定式短语，但意思其实并不是最终目的，而是途径。真正的最终目的则包含在介词+动名词短语中，即 in making continued efforts 之后的 to achieve...。

例 16 把全社会智慧和力量凝聚到创新发展上来。Ensure that the wisdom and strength of the whole society are directed to promoting innovation-driven development.

“凝聚”一词是借用物理术语来表示非物理的一般意义，不能直译。根据语境，该句的意思是运用全社会智慧和力量朝着创新发展而努力，其中的“凝聚”，根据语境翻译为 directed。同时，“创新发展”虽然在中文中表面是一个并列结构，但实际上“发展”是中心词，是目的，而“创新”是“发展”的方式或促动力，两者间有层次区别，在英译时应该注意两者之间的逻辑语义关系，遵循语用优先原则，译为 innovation-driven development。

例 17 正确处理改革发展稳定关系。Strike a balance between pursuing reform and development and maintaining stability.

根据语义关系综合理解中文“改革发展稳定”，“改革发展”与“稳定”两者之间省略顿号或“和”“与”，隐含着“改革发展”与“稳定”之间存在矛盾。正确处理“改革发展”与“稳定”的关系，既要发展又要维持稳定的局面，其实际意义就是在这两者之间取得平衡。英文 strike 具有“正好对应”“正好合适”等感觉,那么也可以间接表达“正确”的意思。另外,“改革发展”和“稳定”在这里并不是客观现象,而是追求的目标,隐含着人的目的,所以添加 pursuing 和 maintaining 两个动词。

例 18 国土是生态文明建设的空间载体,必须珍惜每一寸国土。It is in geographical space that ecological progress can be advanced and we must cherish every inch of it.

句中“是……空间载体”是一种借用科技文体特征的修辞处理方式,它反映党政时政话语严谨、正式的特点,如果直译为 is the spatial carrier 就显得死板,因此根据英文直接、简明扼要的特点,英译时就事论事、尽量避免不必要的修辞手段做变通性处理。但是,鉴于原文中逗号前后的两部分逻辑关系及遵循语用优先原则,原译文可改进。

建议整句改译为:Since it is in our geographical space that ecological progress can be advanced, we must cherish every inch of it./We must cherish every inch of our geographical space since it is where ecological progress can be advanced.

例 19 我国面临的生存安全问题和发展安全问题、传统安全威胁和非传统安全威胁相互交织。China is faced with interwoven problems affecting its survival and development security as well as traditional and non-traditional security threats.

句中“我国”最好不译为 our country,因为政论文是对国内外宣传的,原译文处理为 China 是恰当的。本句需要表述的重点意思是“问题……交织”,根据翻译的语用优先原则和英文名词为表意中心的特点,英译时将其整合并作为主句谓语部分前置,将“问题交织”转化为名词词组 interwoven problems,其他则按照“末端开放”的原则以补充性修饰成分放在句末,并增加物主代词 its。

例 20 中国特色社会主义是当代中国发展进步的根本方向。Socialism with Chinese characteristics is what we must pursue if we are to achieve development and make progress in contemporary China.

句中“中国特色社会主义”的表面意思是我们应该为之努力的目标和

遵循的道路,明显具有号召的意思。实际上,中国人都可以感觉到"当代中国发展进步"才是目的,那么前面的"中国特色社会主义"自然应该理解为实现目的的途径。本句如果按照表面意思直接翻译为 Socialism with Chinese characteristics is the orientation of…,那么英语读者的感觉只是一个普通的认识方面的理性判断(命题),只是事实的陈述,而原译文则把其实际意思充分表达出来。该例译文充分说明:语言语法形式结构的理解与固定结构所能够表达的意思往往可能会有很大差异,"主谓宾"只是形式上的"主干","定状补"也只是形式上的"枝叶",而意义的主次和形式的主次是两回事,尤其是英语,非常重要的意思往往是用形式上的定语、状语来说的。

例 21 稳步推进大部门体制改革,健全部门职责体系。We should steadily advance the reform to establish larger government departments and improve division of functions among them.

句中"大部门体制"也叫"大部制",像原译文那样直接用 establish larger government departments 来翻译,会让英语读者认为中国政府部门已经十分庞大,还要变更大,所以应该做必要的变化。译者须理解"大部门体制改革"这个时政术语的内涵,它源于 2008 年中央及各地采取了一系列措施推行大部制改革,即在政府的部门设置中,将那些职能相近的部门、业务范围趋同的事项相对集中,由一个部门统一管理,最大限度地避免政府职能交叉、政出多门、多头管理的现象,从而提高行政效率,降低行政成本。为了充分传达"大部门体制"的内涵,英译时应该对这个术语进行解释,其中的"大"字所隐含的意思是"合并",改用 We should steadily advance the reform to merge government departments 来表述。另外,句中表面上是并列结构,其实前面的"稳步推进大部门体制改革"是手段或任务,后面的"健全部门职责体系"才是改革的目的,因此,根据语用优先原则,可以用 in order to/so as to 来代替 and 这个词。

建议整句改译为:We should steadily advance the reform to merge government departments in order to improve division of functions among them.

例 22 推动学雷锋活动,学习宣传道德模范常态化。Carry out regular activities to learn from paragons of virtue such as Lei Feng and publicize their exemplary deeds.

从语法表层形式看,句中“推动学雷锋”和“学习宣传道德模范”是并列关系,但实际语义上属于一个话题下的不同层次,“学雷锋”是“学习宣传道德模范”的方式。所以译成英文时,根据英语主次分明、语法单位明确的习惯及语用优先原则,先译出 learn from paragons,后用语法补充点出“雷锋”的典型。

例 23 深化干部人事制度改革,使各方面优秀干部充分涌现、各尽其能、才尽其用。We should deepen reform of the system for the management of officials and personnel so that officials with outstanding performance in all fields will come to the fore in large numbers, and we should tap their potentials to the full and put their talents to best use.

句中“深化干部人事制度改革”是话语的主题,从主题系统中的语义关系反映出后面的部分是具体做法或具体目的。根据语用优先原则,原译文用 so that 连接表目的,并分为两句表述,因为如果直接使用动词的变化形式或从句来翻译则句子会显得太长。中文句子的动词具有语篇连接功能,连动句可以不断通过补充动词加长,翻译时如果要遵循原句语序,不分两句,就需要重新考虑如何衔接。

建议整句改译为: We should carry on the systemic reform of officials management so that those standing out in every field will all come to the fore, do what they can and make the best use of their talents.

第十一章 政治术语翻译

众所周知,翻译绝不仅是从一种语言文字到另一种语言文字的“语码”或语言结构转换,而且是一种跨越不同文化差异和思维方式差异的沟通,其中译者不能不发挥文化“调解人”的作用。翻译中难以处理的矛盾和问题大多来自因语言思维差异而造成的“忠实原文”与“有效传达意旨”之间的矛盾,同时还存在不同民族文化传统和文学审美传统差异所决定的语言风格特征方面的冲突。不同的文化传统造成了不同社会体制和与此紧密相关的意识形态方面的差异。中国与英、美、加、澳等西方英语国家社会体制不同,意识形态有异,而这种差异在语言表达方式中反映出来,这必然决定翻译不能字字对应和机械对号入座。很多中国社会中的思想概念在西方英语国家中并不存在对应概念,这就造成了汉译英中一个突出的难点:如何让西方英语读者迅速理解、接受中国特有的一些思想观念?对于一个译者来说最大的问题是:如何在设法做到让读者理解的同时尽可能贴近原文本的特点,而不把翻译本身完全变成一种随意的说明和解释。

本章所收集的政治术语翻译只是这一类情况的一些常见典型实例,类似的例子实际上非常多。从其英文翻译的情况来看,在解决上述问题的过程中,译者大多不能仅仅依靠语言词典来翻译(语言转换),把各个单词的意义叠加起来,因为翻译中的整体意义往往不是由所构成字词的各自意义相加而成的(比如,under the weather 的整体实际意义是“感到不舒服或消沉”,而不是各词的叠加意义“在天气下”),而是必须做出非常全面、周到的思考,积极、主动地把追求自然性、可理解性和尊重原文相结合。对于中国社会制

度和意识形态方面的关键词的翻译，要采取各种变通性处理方法翻译，既不能死扣原文文字，也不能不考虑原文文字的具体表述方式，应该尽力在原文和译文的语言文字本身和精神实质尽可能保留的原则下争取获得两者之间最佳的“平衡”，从而达到最佳效果。如以下术语的翻译：

术语一：精神

虽然“精神”的第一个词典释义是 spirit，但在英译汉语政论文本中有关“精神”的词组时极少用 spirit，这其中的原因主要是中西方社会意识形态背景不同。在西方英语世界，spirit 主要与宗教信仰相关，所以一般西方读者很容易将 spirit 与宗教意义上的 faith 联系起来。虽然中国也有各种宗教，但它们对大部分中国人的生活的影响远不及西方。当然，西方也用 spirit 来表述哲学、文化等领域与 material 相对的概念，但使用范围有限；而在中国时政话语中，“精神”可指心智、道德、理论知识、修养和文化积累等方面，有多重含义和具体用法，要根据具体的语境与搭配用不同的英文表述形式进行翻译，翻译变化度可能比较大。

首先“精神”可以直接使用词典第一个义项英译，无须因文化差异而避免使用。例如：

例 1　中国精神：China's spirit/the spirit of China/China's character

例 2　改革创新精神：the spirit of reform and innovation

例 3　郑和七下西洋体现了不畏艰险的伟大精神。Zhenghe's seven voyages to the Western Ocean demonstrated a noble spirit of innovation and courage.

不用 spirit 翻译“精神”时，经常用作名词或名词修饰语，其表述有 character，faith，mind，essence，soul 等，做定语用时有 intellectual，moral，cultural，essential 等。例如：

例 1　精神追求：faith/pursuit of one's faith

例 2　精神食粮：nourishments for the mind/people's needs of cultural recreation

例 3　人民精神文化生活：intellectual pursuit and cultural entertainment

例 4　精神家园：sense of belonging

例 5　人民精神世界:people's cultural life

例 6　时代精神:underlying trend of the times

例 7　人民精神力量:people's moral strength

由于英文中带有-ty,-tion,-ness 等词尾的名词具有指向范畴的特点,词义具有可伸缩延展的性质,当弄清楚语境并选择了适当名词后,英译"精神"时,可以根据具体情况选择变通或省略不译。例如:

例 1　共产党人经受住任何考验的精神支柱:theoretical foundation to communists which enables them to stand all tests

例 2　合作共赢的精神:mutually beneficial cooperation

例 3　以自由企业为基础的经济体制,其普遍特征是私有制和个人创新精神,政府的介入相对很少。An economy based on free enterprise is generally characterized by private ownership and initiative, with a relative absence of government involvement.

例 4　弘扬科学精神:foster respect for science

例 5　保持奋发有为的精神状态:maintain energy and drive

例 6　精神懈怠:lacking in drive

例 7　创新精神:creativity

例 8　科学发展观最鲜明的精神实质:essential features of the Scientific Outlook on Development

另外,"精神"有十分具体的特殊含义,比如它可以指"指导原则""指导方针"等。例如:

例 1　党的十八大和十八届二中、三中全会精神:the guidelines of the Eighteenth National Party Congress and the second and third plenary sessions of the Eighteenth CPC Central Committee

例 2　这些原则是我们民族的精神。These principles nourished the soul of our nation.

例 3　习近平同志系列重要讲话精神:the guiding principles of Comrade Xi Jinping's important speeches

术语二:国家

国家是由国土、人民(民族)、文化和政府四个要素组成的,国家也是政治地理学名词。从广义的角度来说,国家是指拥有共同的语言、文化、种族、血统、领土、政府或者历史的社会群体。从狭义的角度来说,国家是一定范围内的人群所形成的共同体形式。

在中西不同社会体制和意识形态中,"国家"与"政府"的概念关系不同:在西方社会中,两者具有较高的相对独立性,关系比较松弛,地方政府仅仅是地方行政机构,有独立的财务管理权和人事权;而在中国两者关系较紧密,地方政府是地方国家权力机关的执行机关,是地方政治统治中心。正是中国与西方社会存在社会制度意识形态的差异,"国家"一词在中英文中会有不同的联想意义和搭配,有关中英翻译中需要特殊情况特殊处理。

由于党政话语有较高的严肃性,所以应该特别注意,实际上"国家"或"我国"经常直接翻译表述为 China。例如:

例 1　国家领土/主权:China's territory/sovereignty

例 2　国家核心安全需求:China's core security needs

因为在汉语政论文本中常常可以看到用"政府"指涉"国家"的情况,所以有用与 government 相关的词语翻译"国家"。例如:

例 1　治国理政各个环节:all aspects of governance

例 2　依法治国:law-based governance/government

例 3　国家机关:government bodies

例 4　国家各项工作:all governance functions

另外,在某些具体语境中,"国家"指一个经济体或政治、军事力量,所以也经常用 economy 或 power 来翻译。例如:

例 1　建设海洋强国。Build China into a maritime power.

例 2　美国是一个超级大国。America is a super power.

例 3　新兴市场国家: the emerging market economies

术语三:人民

汉语政论文本中频繁出现的"人民",在中国是一个带有较强政治性的概念,抽象、概括意义明显,"人民"的概念与英美常用的(the) people 实际上并不完全等同,在一般情况下翻译为 people 或 the people,然而,由于意识形态的差异,(the)people 在西方世界则是一个具体的一般概念,往往需要特殊限定来指特殊的"人群"(群体)。中国共产党代表大会上领导人的报告译文和美国总统所发表的国情咨询报告反映出这一差异。虽然 people 一词也在国情咨询报告里较频繁地出现,但一般总是带有冠词和后置修饰、限定语来明确指涉某一特殊人群,即总有对"人/人们"的具体说明。常见的英语表达法如 people of the United States, ordinary people who dare to dream, the people who..., the people in/of..., American people(Americans), our people 等。

由此可知,如果是在涉及国家与政治的范围内使用与中文"人民"功能相当的词语,西方则更多地使用 citizens 这个词,如 American/our citizens。因此,为了增强具体性,从而更好地宣传、交流,建议更多用 the ordinary (Chinese) people 来表述"人民群众"的意思,使用 the Chinese people 来表述"人民"的意思。例如:

中国共产党成立后,团结带领人民……Since its founding, the Communist Party of China has rallied and led the Chinese people...

值得注意的是,"人民"与"人民群众"并无大的区别,人民一般用于区别法律概念的公民上,指拥护本国的公民,表示政治概念;人民群众一般用于表现某事物(一般指权利)具有广泛性,更强调普通老百姓的意思,所以两者都用(the) people 来翻译。例如:

例 1 人民群众反映强烈的突出问题:pressing problems of keen concern to the people

例 2 以人为本、执政为民,始终保持党同人民群众的血肉联系。Put people first, exercise governance for the people and always maintain close ties with them.

术语四:群众

"群众"的基本意思与"人民"一样,所以都可用 people, the people 来翻译。例如:

例 1 相信群众,依靠群众。Trust and rely on the people.

例 2 群众切身利益:the people's immediate interests

例 3 群众自我管理:the people's self-management

例 4 群众参与社会管理的作用:role of the people in social management

例 5 贴近实际、贴近群众的原则:the principle of maintaining close contact with reality and the people

例 6 群众工作能力:ability to do people-related work

例 7 脱离群众:being out of touch with the people

例 8 代表联系群众制度:the mechanism for deputies to maintain contact with the people

虽然"群众"与"人民"并无大的区别,但是存在细微的差异,表现在:"群众"是政治范畴内的概念,相对于干部、党员、团员等而言,涵括的人群最广;"人民"一般用于区别法律概念的公民上,指拥护本国的公民,表政治概念;人民不包括全体社会成员,依法被剥削政治权利的人和敌对分子不属于人民;人民群众则指享有基本政治权利的群体,具有广泛性。政论文本的英文翻译表述中也偶尔出现对"群众"的特殊翻译表述。例如:

党的群众路线:Party's mass line

由于英文 mass 词义比较宽,而且往往不一定指人,在科技文献甚至文学作品中都有不同的含义,这一中国特色十分明显的翻译方式,实际上未必很清楚并能被理解、接受。

建议整个词组改译为:the basic line of from the people and for the people/the grassroot line/principle

在特殊情况下,"群众"有时还有不同的表述方式,也可能由于语境而造成较大变化。比如,根据其实际语用意义,有时候变通翻译为 public 或 recreational。例如:

例 1 群众性精神文明创建活动:public activities to promote cultural and ethical progress

例 2 群众性文化活动:public cultural activities

例 3 群众体育和竞技体育:recreational and competitive sports

前两例的"群众性"的实际意思是说"公开""开放""普及性",所以被译为 public;而最后一例的"群众性"指与"职业性""专业性"相对的概念,指以娱乐为目的而非竞技、非专业的活动，所以被译为 recreational。

另外，根据具体语境和搭配词语的变化，“群众”有时候还可以省略或转换为其他词语。例如：

例 1 基层群众自治机制：the mechanism for community-level self-governance

例 2 宗教界人士和信教群众：religious figures and believers

例 3 基层群众自治制度：the system of community-level self-governance

例 4 群众公认的干部：officials who enjoy popular support

术语五：思想

“思想”出现在汉语政论文本中被翻译成其基本词典英语释义 thoughts 或 thinking 的不多，这归结于中西社会制度和意识形态的差异。以英国、美国为代表的西方英语世界的价值观念，重视个人特性，强调个性，提及“思想”这一话题，西方人首先考虑的是个人的思考及其结果，而不是“集体”的行为，否则的话，所谓的“思想”就是“僵化”“教条”“千篇一律”甚至“洗脑”的东西。在社会主义制度下的中国，人们重视集体主义价值观，人们强调“同心同德”和“思想统一”。由于这种意识形态领域的差异，用英文翻译“思想”时，需要根据具体语境来选择适当的措辞，否则西方读者就会产生不良联想，无法理解和接受。

当然，当有关“思想”的中文词组不涉及隐含的意识形态矛盾和冲突，那么可以将其直译为 thought 或 thinking。例如：

例 1 思想上同心同德：unity in thought and action

例 2 孙中山民权思想：Sun Zhongshan's thoughts of civil rights

例 3 主流思想舆论：the influence of the underlying trend of thought

例 4 两岸关系和平发展的思想：the important thought/guidelines of peaceful growth of cross-Straits relations

例 5 发挥思想库作用。Seek advice of think tanks.

例 6 我们的思想和行动：our thinking and action

在政论文本中作为集体的“思想”实际上常常涉及已经形成的“理论”“观念”“方针”等，用 theories 及其语法变化形式，甚至用 notion 或 value 来表

述较为合理。具体政论文本翻译实例如下：

例 1 加强思想政治工作：strengthen and improve education in values

例 2 “三个代表”重要思想：the theory of Three Represents

例 3 在思想上同党中央保持高度一致。Maintain a high degree of unity with the Party Central Committee theoretically.

例 4 妨碍科学发展的思想观念：notions that hinder the pursuit of development in a scientific way

由于“思想”的基本意思是客观存在、反映在人的意识中经过思维活动而产生的结果，和大脑的思维分不开，所以无论在政论文本还是在日常生活语言中都有用具体的 mind 翻译“思想”词组。例如：

例 1 进一步解放思想。Further free the mind (open the mind).

例 2 许多家长的思想倾向也是如此。So are the mindset of many parents.

术语六：社会

“社会”指在特定环境下共同生活的同一物种不同个体长久形成的彼此相依的一种存在状态，包括生产、消费娱乐、政治、教育等。在中国时政话语中，“社会”一词的语义范围明显比英文的 society 及其变化形式 social 广泛得多。由于社会结构性差异，在中国使用“社会”所搭配的词语有的在英美语言中确实很难找到对应的词语，从而造成了翻译中的一个难点。比如有这样的语境：一个国营单位承担大型学术活动，接送专家，本单位的车辆不够用需要借助“社会车辆”。译者在没弄清“社会车辆”的语境的情况下就难以用现成的地道英文来表述，如将“社会车辆”翻译为 public vehicles 反而有可能会被误解为公交车、公共用途的车辆，所以根据其实际语境和意义应该用 non-public vehicles 来表述，指私人、私营企业等各种非公用服务性的车辆。当然，这种用法完全是由语境搭配所决定的，变换语境后可能又需要改变。比如，“停车场”一词，在没有特别说明其所有权时，约定俗成地被认为是作为社会公共用途的，因为私家用途的一定会标明，所以，“停车场”翻译为 public parking 算合适。这个特殊的例子充分体现了语言使用随社会语境变化的复杂性。根据不同的语境及使用中的搭配，选用不同的词语来译。

首先,在“社会”加“全”做定语修饰语的时候可以直接翻译为 China。例如:

例 1 全社会研发支出占国内生产总值比重超过 2%。China's R&D spending accounted for over 2% of its GDP.

例 2 全社会用电量增长 7.5%。China's total electricity consumption increased by 7.5%.

其次,当“社会”一词所处的语境是私人的、私有的概念时,译为 nongovernment 或 private。例如:

例 1 支持社会力量兴办各类服务机构。We will support nongovernmental investors in running various types of services.

例 2 引导社会力量参与扶贫事业。We will guide nongovernmental forces to participate in poverty alleviation.

例 3 创新社会资本办医机制。Create a mechanism for running hospitals by nongovernmental capital.

例 4 社会融资:private/nongovernmental financing

再次,当“社会”一词所处的语境是有关公众的概念,就被译为 public。例如:

例 1 社会公益技术:technologies for the public good

例 2 扩大公益性文化设施向社会免费开放。More public cultural facilities were opened free of charge.

例 3 社会治安主要是城市的问题。Public order is primarily an urban problem.

例 4 各级政府预算和决算都要向社会公开。Governments at all levels should release their budgets and final accounts to the public.

例 5 加强社会治安综合治理。Strengthen comprehensive maintenance of public order.

例 6 形成良好社会秩序。Create good public order.

例 7 要建立权力清单制度,一律向社会公开。We will introduce a system to list all items over which government review and approval are required and release the

list to the public.

例8 社会各界能够达成共识的环节:links on which there is extensive public consensus

从上面的例子可以看出,在中国,“社会”用于public或nongovernment的语义的情况比较多,但是应该注意,有时候还有更多灵活变通或省略的情况。例如:

例1 推进政府向社会购买服务的改革。Advance reforms of government procurement of services.

例2 健全农业社会化服务体系。We will improve commercial agricultural services.

例3 发展社会生产力。Develop the productive forces.

例4 及时回应社会关切。Respond to people's concerns promptly.

例5 高校后勤社会化。Outsource logistic services for schools of higher learning to independent service providers.

术语七:生活

“生活”是指人类生存过程中的各项活动的总和,范畴较广,一般指为幸福的意义而存在,比生存层面更高的一种状态。生活实际上是对人生的一种诠释。生活包括人类在社会中与自己息息相关的日常活动和心理影射。

汉语政论文本中经常出现“社会生活”“文化生活”“精神生活”这样的词组,用英语表述时采取直译实际上是完全正常的、可以理解的。例如:

例1 人民精神文化生活:people's intellectual and cultural lives

例2 人民物质文化生活:people's material and cultural lives

作为一个最普通的词不仅与英文的life/living对应,而且常常被借用到党政话语中,很多情况下都直接翻译为activities,从而形成了这类话语翻译的一个特色。例如:

严格党内组织生活。Ensure that Party members participate in Party activities regularly.

根据语境,该例的“生活”转译为activities是因为其主体是“党”“组织”,而不是普通人。这说明,翻译还是应该以在具体语境中自然搭配为宜。

有时根据实际情况,“生活”的译文还会有其他变化或不译的情况。例如:

例 1 如不解决这 80% 农村人口的生活问题,社会就不安定。If we didn't meet the needs of the 80% people who live in the countryside, there would not be social stability.

例 2 生活保障制度:welfare system

例 3 最低生活保障制度:the minimum living allowance system

例 4 生活用房:residential houses

由于“文化生活”实际上经常指文化方面的娱乐消遣,所以有时候也可以直接使用 entertainment 来翻译。例如:

人民精神文化生活更加丰富多彩。People enjoy richer intellectual pursuits and cultural entertainment.

术语八:作风

“作风”是指在思想、工作和生活等方面表现出来的比较稳定的态度或行为风格、文艺作品的风格。“作风”的词典英语注释一般都是 style,时而也有补加词语注释为 style of work or doing things。在中国,一般英语工作者很有可能怀疑有些与中文完全对应的表述方式是否“地道”或能否被外国读者接受,这是可以理解的。中国译者不认为把“工作作风”直接翻译为 work style 是合适的,但如果具体调查和分析英美等英语国家的语料,我们会发现这种翻译也是没有问题的。政论文本中也有不少这样的表述。例如:

健全改进作风常态化制度。Have systemic rules to improve work style.

出现在党政话语中的“作风”,除了用 work style 来译,还有不同的表达方式,最常见的选择是 conduct。例如:

例 1 党的优良传统和作风:the Party's fine traditions and conduct

例 2 个人(生活)作风:personal conduct

值得注意的是,“作风”的翻译表述也有灵活变通或不译的情况。例如:

例 1 坚决反对特权思想和作风。Resolutely oppose all tendencies to seek privileges.

例 2 人民军队性质、本色、作风:the nature and the character of the military as the people's army

术语九:战斗力

“战斗(力)”是军事词汇,其基本意思是敌对双方兵团、部队、分队(单机、单舰)进行的有组织的武装冲突,是夺取战争胜利的主要手段。作为汉语政论文本中经常出现的特色词,在改革开放前也较多见于一般党政话语中;引申意义泛指斗争。有的原文中“战斗”确实是军事用语的时候才翻译为 combat。例如:

例 1　非战斗机构和人员:non-combat departments and staff

例 2　以加快转变战斗力生成模式为主线。Take faster change of the way of raising military combat effectiveness as a major task.

由于“战斗(力)”这一军事借用词语近些年来使用有所减少,无论在政论文本还是时事话语中的英文翻译都尽量采取变通性译法。例如:

例 1　充分发挥基层党组织的战斗堡垒作用。Bring into full play the role of community-level Party.

例 2　党的基层组织是……战斗堡垒。Community-level Party organizations play a key role in…

例 3　党的创造力、凝聚力、战斗力:the Party's creativity, cohesiveness and capability

术语十:文明

英文中的文明一词来源于古希腊的拉丁文 Civis,演化为 civilization,意思是城市的居民,其本质含义是人民生活于城市和社会集团中的能力,古希腊的“文明”,其内涵反映了古希腊文明的特点是城邦政治,其本源和“城市”或“城市市民”有关,是个社会学范畴的词汇。在中国社会语境下,“文明”一词使用十分频繁,实际语用意义和英文中的 civilization 往往不一致,翻译时应该根据具体使用情况灵活处理。首先,由于城市与市民的出现作为人类社会史发展的一个重要阶段,标志着一个巨大的进步,所以“文明”一词中必然隐含着“进步”的意义(犹如从原始社会的农业发展到商业和城市的出现这种进步)。虽然这一点在众多词典中被忽略,但在中国时政话题自然英语表述中却得到了充分的体现。根据最常用的情况,“文明”在我国社会往往用来指示一种社会现象的正向发展及其发展的水平或高度。因此英文表述为 progress 实际上更加符合 civilization 所隐含的实质性意义，有时候还需要根据具体语境添加形容词做更确切的表述。以党的十八大报告为例，中文“文明”翻译表述为 progress 有十多处。例如：

例 1 社会主义政治文明：socialist political progress

例 2 群众性精神文明创建活动：public activities to promote cultural and ethical progress

例 3 社会主义精神文明和物质文明：socialist cultural and ethical progress and material progress

例 4 生态文明建设：promotion of ecological progress

应该特别注意的是，虽然由于不同的社会语境，在我国时政话语和新闻媒体中频繁出现“文明”一词，但因与其具体搭配的词语不同而有不同的含义，英文翻译必须根据具体语境进行具体分析。我们也没有必要回避用其基本义项 civilized/civilization 来翻译。实际上，在从总体上讲民族、国家、地区和人的“文明”时，或在具体意义与概括意义兼有的情况下，还是可以放心使用其基本义项 civilization，civilized 的。例如：

例 1 文明人：civilized people/person

例 2 文明社区：civilized community

例 3 具有五千多年文明历史的中华民族：the Chinese nation，which has a civilization of over 5000 years（此处可以略去“历史”不翻译，因为“文明”本身是一个历史过程的产物）

例 4 文明执法：law enforcement (which is) conducted in a civilized way

例 5 国家文明城市：National Civilized City

例 6 文明邻里：civilized neighborhood

在外语的使用中，人们对这类情况总是担心字面上与中文直接对应的译法会产生“生硬”的效果，其实经过调查分析发现，译者没有必要采取“回避”态度。

当然，如有关与“文明”搭配的中文时政术语隐含“示范”的意义，或同时作为一个荣誉称号需要强调这种意义，那么建议采用 role model 或 model 来翻译，并按照专有名词处理，大写首字母。例如：

例 1　文明公交:(Role) Model Bus(Line)

例 2　文明集体:(Role) Model Collective

例 3　文明单位:(Role) Model Establishment/Organization

例 4　文明社区:(Role) Model Community

例 5　文明个人/文明标兵:(Role) Model Individual

例 6　文明邻里:(Role) Model Neighborhood

例 7　生态文明村:(Role) Model Village of Ecological Progress

例 8　文明出租车(司机):Role Model for Taxi Drivers

另外,也应该注意到有时候有些词语只是比喻,省略不翻译可能更加恰当。例如:

文明窗口:Role Model

由于"文明"作为一种正面取向的表述意义较宽,"文明"也意味着"进步",因此英译有关"文明"词组可随语境与搭配表述为 advancement, sound development, improvement 等。例如:

例 1　生态文明制度:system for ecological improvement

例 2　社会主义政治文明:the advancement of socialist government administration

例 3　文明发展道路:the path of sound development

虽然"文明"是个抽象、泛化的词语,但它也有其具体的表现方式,如"文明礼貌""有教养"等有较好伦理道德观念的行为。例如:

公民文明素质和社会文明程度:the level of civility of citizens and the moral and ethical standards

在特殊情况下"文明"可以直接翻译为 achievement(s),因为"文明"是人类所取得的"成果""成就"。例如:

人类政治文明有益成果:the political achievements of other societies(相对于中国而言)

术语十一:建设

"建设"的词典英语释义一般为 build, construct,但实际上它在汉语政论文本中的含义要比词典释义广泛得多,而且经常作为名词使用。政论文本中完全可以直接用词典上对应的 build 和 construct 来翻译。

"建设"被译为 build 时,其含义具有"发展、增加、扩大"等意味,即向更大更高方向逐步发展,且需要一段时间或隐含"逐渐、逐步"的意思。例如:

例 1 建设小康社会:building a moderately prosperous society

例 2 落实高校党风廉政建设责任制。Fulfil the System of Job Responsibility in the Building Legal Party Members Conduct and an Honest and Clean Government in Colleges and Universities.

例 3 习近平呼吁大家更多地进行党建研究。Xi Jinping calls for more studies on Party building.

"建设"被译为 construct 时,construction 主要强调的是具体的、内部的或构架方面的建设,一般指硬件方面或涉及物理性的建设。例如:

例 1 保障性住房建设:construction of low-income housing

例 2 加强人才队伍建设。Strengthen the construction of talent team.

例 3 灾后恢复重建:post-disaster recovery and reconstruction

例 4 水利建设:construction of water conservancy projects

一般常见的英语词除 construct 和 build 之外还有各种变通性表述方式,其英语翻译根据具体情况的不同而异。其中使用较多的有 development, promote 和 strengthen 三个词。

首先,"建设"被译为 development。例如:

例 1 民主法制建设迈出新步伐。New strides have been made in developing democracy and the legal system.

例 2 以经济建设为中心。Take economic development as the central task.

例 3 "一要吃饭,二要建设"是我国经济工作的基本原则。A basic principle guiding our economic work is to implement the principle of subsistence first and development second.

例 4 文化建设迈上新台阶。Development of the cultural sector has reached a new stage.

例 5 社会主义文化强国建设:developing a strong socialist culture in China

其次,“建设”被译为 promote,或与 progress 搭配使用。例如:

例 1 廉政文化建设:promoting clean government

例 2 生态文明建设扎实展开。Solid steps have been taken to promote ecological progress.

例 3 经济建设、政治建设、文化建设、社会建设、生态文明建设五位一体总体布局:the overall plan for promoting economic, political, cultural, social, and ecological progress

例 4 社会主义核心价值体系建设:promoting core socialist values

例 5 推进生态文明建设:promoting ecological progress

再次,“建设”被译为 strengthen,或与 development 搭配使用。例如:

例 1 国防和军队建设开创新局面。A new stage has been reached in efforts to strengthen national defense.

例 2 加强社会建设和干部队伍建设。Strengthen social development and the ranks of Party officials.

例 3 党的执政能力建设和先进性建设:strengthening the Party's governance capacity and its advanced nature

除此之外,“建设”的翻译可能还会有其他变通性的表述或因与近义词、意义可伸缩的名词搭配而省略的情况。例如:

例 1 推进现代化建设:advancing modernization

例 2 党风廉政建设和反腐败斗争:improving Party conduct, promoting integrity

例 3 惩治和预防腐败体系建设:the establishment of a system of combating corruption through both prevention and punishment

例 4 加强党的纪律建设。Strengthen its discipline.

例 5 加快建筑节能政策法规体系建设。We need to improve the enforcement of laws and regulations of energy-efficiency construction.

例 6 深化平安建设。Intensify efforts to ensure law and order.

术语十二:干部

“干部”是有较强的“中国特色”、在政论文本中出现频率较高的词语,其中文释义是国家机关、军队、人民团体中的公职人员或担任一定的领导工作或管理工作的人员;其英文释义是 a) a small group of people specially trained for a particular purpose or profession; b) a group of activists in a communist or other revolutionary organization。

由于社会体制和意识形态的差异,该词的汉英翻译有不同表达法,翻译人员应该认真分析、考虑。“干部”是一个集体名词,但也可以做单个可数名词使用,原来没有特殊的政治含义。“干部”后来变成一个涉及重大意识形态差异的词,是由于苏联俄式英语中频繁使用“干部”(cadre),其政治色彩就很强;在西方推崇个人主义价值观的社会背景中容易让人联想到所谓的“洗脑”(训练),所以带上了不好的感觉,英美国家基本上不使用 cadre 一词。由于受苏联的影响,中国在改革开放以前的政论文本中基本上一直使用 cadre 一词来翻译“干部”,如:在中国公共服务中有三分之一的政府干部是女士(There are many high ranking women in China's civil service, and about one-third of all government cadres are women)。改革开放以来,尤其是近十多年来,为了在对外宣传中消除不良联想开始越来越多地使用 official(s) 来翻译,而在党的十八大报告及其他政论文中则无一例外都是做了这样的处理。例如:

例 1 任用重要干部票决制:appointing key officials by ballot

例 2 干部管理体制:the system for the management of officials

例 3 主要党政领导干部:principal leading Party and government officials

例 4 干部队伍结构:the mix of the ranks of officials

在政论文本中,译者常常将 officials 用来翻译“干部”,但在非政论文本中也经常用来翻译“官员”。然而,英美政论文本中的 officials 不能回译成“干部”,而是表述为“官员”;英语(government) officers 指普通的或职务一般的“官员”,主要用于与老百姓相对的警察、税务等部分政府机构的普通“官员”,其实际语用意义与改革前的“干部”有相通之处,但当今在政论文本中则不用作“干部”的英语翻译。另外,与“领导干部”意义功能相当的英美表

述一般是 government executives，而不是 leading government officials，这一点也值得注意。

术语十三：培养

“培养”原本是一个生物科学领域的概念，意思是以适宜的条件促使其发生、成长和繁殖；引申意思是按照一定的目的，长期教育训练，尤其是人才的培养。现在已经是一般社会话题，在汉语政论文本中也出现得十分频繁。“培养”的一般词典英语释义有 cultivate，train，educate，bring up 等，其中 train 一词在政论文翻译表述中最为常见。由于 train 含有在一定时间内通过正式“训练”方式“培养”一种具体技能的含义（teach a person or animal a particular skill or type of behavior through practice and instruction over a period of time），所以词义的范围有一定限制。所以“培养”的英语表述除了使用频率较高的 training，还可以视情况选择使用频率较低的 cultivate 等。例如：

例 1 创新性人才培养：training of innovative professionals

例 2 人才培养：personnel training

例 3 培养社会主义接班人。Train successors to the socialist cause.

例 4 干部培养选拔：training and selection of officials

例 5 培养高素质劳动者和技能型人才。Train high-caliber workers and technical talents.

例 6 教育培养军事人才的政策制度：systems for cultivating military personnel

例 7 培养学生社会责任感。Cultivate students a sense of social responsibility.

实际上，根据具体语境，除 train 和 cultivate 之外还可以选择的有（help）develop，turn out，bring up，foster，educate 等。例如：

例 1 在学校时，我培养了对历史的兴趣。I developed an interest in history at school.

例 2 这所学校培养出了一些第一流的学者。The school has turned out/brought up some first-rate scholars.

例 3 政府应做什么，以促进培养更好的商业道德的公司？What government should do to foster better business ethics in companies?

术语十四:基层

“基层”一词的基本意思是设在面层以下的结构层;其政治引申意义是权力机构的末梢,俗称底层,各种组织中最低的一层,它跟群众的联系最直接。以往的翻译和汉英词典中的英文对应表达是 grassroots,但近些年来,在政论文本中涉及“基层”没有一处采用这样的译法。究其原因,主要是近些年来随着汉语对应词“草根”在出版物和日常口语中的频繁出现,人们感觉这个词带有一些贬义或轻蔑的意味。党的十八大文件中对这一词的翻译也采取了变通的表述,统一使用 the community level。例如:

例 1 基层民主:community-level democracy/democracy at the community level

例 2 基层党委:community-level Party committee

例 3 基层社会管理和服务:social management and services at the community level

例 4 基层党组织:community-level Party organizations

以上几个译例中的 community-level 的可理解度高,实际上也没有必要回避使用 grassroot(s)。Grassroots 作为形容词使用的时候在英美语言中一般都是单数,而作为名词时单复数都可以使用。虽然 grassroots 与中文“草根”对应,但在英美出版物中并不包含贬义,只是与中产阶级、社会上层或所谓“精英阶层——源于法语的‘elite’”意义相对的一个词,表示最普通的老百姓而已。例如下面的英语句子:

A grassroots movement (often referenced in the context of a political movement) is one which uses the people in a given district as the basis for a political or economic movement.

术语十五:队伍

与“干部”一样,“队伍”也是政论文本中频繁出现、具有极高的中国政治特色的一个词,是借来词语,原意是指军队队型,行列(三人一队,五人成伍)。例如:“整齐的队伍走过了主席台接受检阅。”“队伍”的引申含义指某个团体共同协作的全部人员,一般翻译为 rank(s),实际上含有“特定等级职

务”和“队列”的意思，其英文释义是 a) a position in the hierarchy of the armed forces; a position within the hierarchy of an organization or society。b) a single line of soldiers or police officers drawn up abreast。

在中国，“队伍”这一军事借词在政论文本中使用频繁并被译为 rank，这跟党的历史有关；这一借用军事用语的修辞表达方式，造成了明显的中国英语特征。将“队伍”译成 rank 的例子如下：

例 1 党外代表人士队伍：the ranks of non-Party representative figures

例 2 （党的）干部队伍：ranks of Party officials

例 3 教师队伍：the ranks of teachers

由于 rank 具有较强的中国特色，一般英语读者也可能产生疑惑，所以我们也可以在同类文献中看到对这一特殊词的变通译法或省略的情况。为了减少或避免军事方面的联想，建议在以后的翻译中尽量采取变通性译法或根据情况省略，翻译可以酌情选择的词有 personnel, team, body, organization, composition, mix, structure 等。例如：

例 1 医疗（卫生）队伍：medical personnel

例 2 高素质执政骨干队伍：a contingent of competent key officials for governance

例 3 党员队伍结构：the composition of Party membership

例 4 各类人才队伍建设：the training of all types of personnel

例 5 基层党组织带头人队伍：leaders of the community-level Party

术语十六：锻炼

“锻炼”原本属于工业用词，本义为对刀剑的打击、锻造，尤其是指冶金工业通过淬火、冷却提高金属性能，或通过添加不同成分使物质改变其物理属性。引申意义指通过生产劳动、社会斗争和工作实践，使觉悟、工作能力等提高。

“锻炼”在文学作品中也经常被用来形容对人的磨炼。该词现在也常出现在中国社会话语和政论文本中，以往较多地使用词典英语释义的第一项 temper 来表述。例如：

例 1 加强干部教育培训和实践锻炼制度。Improve the system so that

officials can receive the necessary education and training and be tempered in practice.

原译文的 so that 与后面的部分连接不够紧密。

建议整句改译为:Improve the system for officials to receive necessary education and training and be tempered in practice.

例 2 鼓励年轻干部到艰苦地区锻炼成长。Encourage young officials to temper and develop themselves in hardship areas.

显然,除了直接用 temper 翻译“锻炼”,近些年来出现了一些变通性的翻译,如“锻炼成长”可根据综合语义功能或具体语境灵活处理。

建议整句改译为:Encourage young officials to work and gain experience in hardship areas.

例 3 强化体育课和课外锻炼。Intensify physical education and extracurricular activities.

该例之所以使用 activities,是因为 activities 就是在概括词组 physical education 所确定的语境下的具体表现,不言自明。

术语十七:考验

“考验”的意思除“考查验证”外,还有“通过具体事件、行动或困难环境(拷问,审讯拷打)来检验(是否坚定、忠诚或正确)”,如“革命战争考验了他”。英译“考验”时,要根据其不同的语境和搭配选用不同英文释义,如 test,trial,ordeal 等,但其中 test 意思比较广泛,使用频率很高。在汉语政论文本中有关“考验”的例子如下:

例 1 党面临执政考验、改革开放考验、市场经济考验、外部环境考验。The Party faces complicated and severe long-term tests in exercising governance, carrying out reform and opening up and developing the market economy as well as tests from the external environment.

例 2 在……的严峻考验面前:standing the severe tests posed by...

例 3 党和人民经受住了严峻考验。Our Party and people have stood severe tests.

与 test 相比,trial 和 ordeal 虽然也有“考验”的含义,但词义相对狭隘,且

都有一定被动接受的色彩,而且 ordeal 还隐含着被动接受的“痛苦”“折磨”,因此不用来翻译一般情况下的“考验”。

值得注意的是,在所面临的处境或情况可以理解或受其他词语搭配限制的时候,“考验”也可以省略不译。例如:

我们经受住了各种困难和风险考验。We have overcome numerous difficulties and risks.

该例不用 test 来翻译,主要是因为前面使用了动词 overcome,与 test 语义上并不搭配。

术语十八:教育

“教育”有广义和狭义之分。广义的教育泛指一切有目的地影响人的身心发展的社会实践活动。狭义的教育是指专门组织的教育,即学校教育,它不仅包括全日制的学校教育,而且也包括半日制的、业余的学校教育,函授教育,刊授教育,广播学校和电视学校的教育等。虽然在大多数情况下可以直接翻译表述为 educate/education,但在汉语政论文本的英文翻译中,并不总是完全选用其基本词典英语释义 educate/education 来译,有时候也需要变通的表述形式。例如:

例 1 教育引导党员树立正确的世界观。Make Party members develop a firm and correct worldview.

例 2 教育引导党员、干部践行社会主义荣辱观。Encourage Party members and officials to practice socialist views on honor.

例 3 党的群众路线教育实践活动:activities to study and practice the Party’s mass line

术语十九:科学发展观

“科学发展观”,是胡锦涛在 2003 年 7 月 28 日的讲话中提出的“坚持以人为本,树立全面、协调、可持续的发展观,促进经济社会和人的全面发展”,按照“统筹城乡发展、统筹区域发展、统筹经济社会发展、统筹人与自然和谐发展、统筹国内发展和对外开放”的要求推进各项事业的改革和发展的一种方法论,也是中国共产党的重大战略思想。中国共产党第十七次全国代表大会把科学发展观写入党章,中国共产党第十八次全国代表大会把科学发展观列入党的指导思想。

“科学发展观”自从提出以来一直是一个在党政话语中频繁出现的重要概念,国家对外宣传主要媒体及众多国内英文出版物无一例外地把这个词组当作具有中国特色的政治专业术语统一翻译为 The Scientific Outlook on Development。例如:

经得起历史考验的科学发展观:the Scientific Outlook on Development which can bear the test of history

但是查阅网络发现,这个理念也有几种不同的表达方式,其中维基百科全书英文网有关解释列出的还有 the scientific development concept 和 the scientific development perspective 两种。另外,国外专家 Robert Lawrence kuhn 在他的文章 *How China's Leaders Think:The Inside Story of China's Past,Current and Future Leaders* 中有 scientific perspective on development 这种简明易懂的表述方式。

与上述几种不同方式相比之下,虽然 The Scientific Outlook on Development 是在政论文本中出现最多的译法,但显然用 perspective 更明确易懂,因为 outlook 还有(已经形成的)观点或态度的含义,而 perspective 则直接指向观察的角度和方法。

总之,这个问题比较复杂,因为翻译还有一个约定俗成、先入为主和尽可能尊重传统、保持翻译一致性的原则,所以,如果 The Scientific Outlook on Development 可以被西方普通人接受、理解,当然应该继续沿用,这还需要在做一定对外调查的基础上最后确定。

术语二十:宣传

“宣传”是传播学名词,是运用各种符号传播一定的观念以影响人们的思想和行动的社会行为,一种专门为了服务特定议题(议事日程 agenda)的讯息表现手法。在西方,宣传原本的含义是散播哲学的论点或见解,但现在常被放在政治脉络(环境)中使用,特别是指政府或政治团体支持的运作。同样的手法用于企业或产品上时,通常则被称为公关或广告。

“宣传”这个词语表面上有较强的中国特色,“宣传”一般固定地转述为英文(work of) publicity/publicize,但实际上也有比较固定的变通性译法。

例如:

例1 工作组还就全国范围内的宣传、培训工作做了具体部署。The working group also made specific arrangement for nationwide publicity and training.

例2 法制宣传教育:publicity and education about the law

例3 生态文明宣传教育:publicity of and education in ecological progress

例4 宣传道德模范。Publicize the exemplary deeds of paragons of virtue.

例5 加强宣传和舆论引导。Work harder to shape public opinion.

例6 宣传……的重要性。Make more people aware of the importance of...

例7 宣传……的思想。Spread the idea(s)/thought(s) of...

例8 宣传新产品。Advertise new products.

术语二十一:舆论

"舆论"的基本意思是公众在特定的时空里,对特定的公共事务公开表达的基本趋于一致的信念、意见和态度的总和。它是社会评价的一种,是社会心理的反映。作为中国时政话语的词语虽然使用频率不很高,但仍然属于比较常见的情况。

"舆论"这个词语表面上有较强的中国特色,一般被翻译为 public opinion。在翻译实践中应该根据具体情况和语境,根据总体上的话语风格考虑从多种可能性中选择,否则就会因过度沉溺于某一词语而显得僵化,甚至造成难以理解、接受的情况。例如:

例1 舆论监督:oversight through public opinion

例2 舆论工具:media for shaping public opinion

例3 主流思想舆论:influence of the underlying trend of thought

术语二十二:中国梦

"中国梦"一词在政论文本中时有出现,该词是 2012 年 11 月 29 日习近平在参观"复兴之路"展览时第一次提出的,并被阐释为"实现中华民族伟大复兴,就是中华民族近代以来最伟大的梦想"。有些媒体在翻译中使用了不同的英文表达方式,如 China dream,Chinese dream,China's dream。

当初有些媒体使用 China dream 或 China's dream 而不使用 Chinese dream，是想与“美国梦”（American dream）有所区别，因为美国人的价值观是以个人为中心、追求个人自由和实现个人价值。当初那样翻译有意识形态方面的原因，即中国人的梦有自己的“民族特色”（dream of the Chinese nation），实现“民族复兴”的梦想是全体中国人的使命，认为用了 China 才能显示中国传统文化中注重集体主义价值观的倾向。其实没有必要有这种顾虑，因为词语结构的相同并不等于其中包含的意义相同或相似，集体与个人的概念本来并不矛盾，只是观察角度不同而已。而且，“以人为本”（-ese 结尾）的思想也同为中美两国所接受，中国意识形态中对待“个人”的看法自从改革开放以来也在发生着潜移默化的改变，个人梦想的实现是民族梦想实现的前提，个人利益与国家利益并不矛盾。

另外，正如原外交部翻译室主任陈明明所说的那样，China dream 实际上很容易被理解为外国人在中国寻找发迹机会的梦，因此应该避免使用。

关于“中国梦”的不同译法在翻译界也受到了很多关注，目前使用最多并逐渐统一的译法是 Chinese dream，党的十八大第三次会议决议和国家主席习近平 2014 年新年贺词中的一句关于“中国梦”的话，其英文翻译就使用了 Chinese dream。例如：

例 1 实现中国梦给世界带来的是和平，不是动荡；是机遇，不是威胁。When realized, the Chinese dream will bring peace and opportunities to the world, not turbulence or threat.

例 2 中国人民追寻实现中华民族伟大复兴的中国梦，也祝愿各国人民能够实现自己的梦想。We Chinese people seek to realize the Chinese dream, a great revitalization of the Chinese nation, and also wish that the dreams of people of all countries will come true.

后　记

上述各种不同的政论文本翻译，我们随时都可以遇到类似的情况，比如“宣传、民主党派、差额选举、户口（户籍）、事业单位、厅局/处级”等。在翻译政论文本时，如果直接利用词典英语释义来翻译，往往讲不通，达不到传递信息的目的，因为词典英语释义是词语的基本含义和解释，即相对固定性的含义，而难以顾全在各种不同语境中词语跨语域、跨文化、跨意识形态的各种微妙变化，所以要吃透其内在含义，并随时根据具体情况做特殊的变通，灵活处理，否则很容易让不熟悉中国情况、身处不同社会制度和意识形态的异国英语读者不知所云。语言作为活的东西本来就是可以活用的，是不断发展的，与社会文化的潜移默化的发展直接同步，译者对于这类词语的翻译，不仅要看其在具体语境中的语用意义，还要利用网络等的最新资源参照国际上已经普遍被理解的类似的或有关的语言表述方式来翻译。

参考文献

[1]冯庆华,陈科芳.汉英翻译基础教程[M].北京:高等教育出版社,2008.

[2]冯庆华,穆雷.英汉翻译基础教程[M].北京:高等教育出版社,2008.

[3]冒国安.实用英汉对比教程[M].重庆:重庆大学出版社,2004.

[4]王力.王力文集(第一卷:中国语法理论)[M].济南:山东教育出版社,1984.

[5]林同济.从汉语词序看长句翻译[J].现代英语研究,1980(1):16-23.

[6]王浩强.消极修辞与积极修辞[J].剑南文学(经典教苑),2012(8):102.

[7]吴思聪.积极修辞与消极修辞小议[J].楚雄师范学院学报,2009,24(4):46-49.

[8]尤晓洁.英汉传统思维差异与翻译中的主客观视角研究[J].连云港职业技术学院学报,2009,22(1):63-65.

[9]周伟龙.当代中国特色政论文的语言特点及翻译策略[J].三峡大学学报(人文社会科学版),2011,33(S2):100-102.

[10]姜永健.主题与主语角度看汉英翻译[D].青岛:青岛大学,2011.